HERIBERT JOHANN

Begriff und Bedeutung des Ultimatums im Völkerrecht

Schriften zum Völkerrecht

Band 2

Begriff und Bedeutung des Ultimatums im Völkerrecht

Von

Dr. Heribert Johann

DUNCKER & HUMBLOT / BERLIN

Inhaltsverzeichnis

Abkürzungen

ADAP	=	Akten zur Deutschen Auswärtigen Politik
AIDI	=	Annuaire de l'Institut de Droit International
AJIL	=	American Journal of International Law
AP	=	Auswärtige Politik
BGBl	=	Bundesgesetzblatt
BYBIL	=	The British Yearbook of International Law
Cmd	=	Documents Concerning German Polish Relations and the Outbreak of Hostilities between Great Britain and Germany on September 3, 1939, Command Papers 6106
FAZ	=	Frankfurter Allgemeine — Zeitung für Deutschland
IGH	=	Internationaler Gerichtshof
IMT	=	International Military Tribunal
IRuD	=	Internationales Recht und Diplomatie
JiaöR	=	Jahrbuch für internationales und ausländisches öffentliches Recht
ÖZÖR	=	Österreichische Zeitschrift für Öffentliches Recht
OKW	=	Oberkommando der Wehrmacht
RdC	=	Recueil des Cours de l'Académie de Droit International
RGBl	=	Reichsgesetzblatt
ZaöRVR	=	Zeitschrift für ausländisches öffentliches Recht und Völkerrecht

A. Einleitung: Aufgabe und Abgrenzung des Themas

Der Ausdruck Ultimatum wird in fast allen Lebensbereichen gebraucht; eine ausschließlich völkerrechtliche Verwendung besteht nicht. Vielfältig wie die verschiedenen Anwendungsbereiche des Begriffes Ultimatum sind auch dessen Bedeutungen[1].

Die vorliegende Abhandlung hat sich zunächst auf die völkerrechtliche Terminologie zu beschränken und zu prüfen, in welchen Bedeutungen der Begriff hier anzutreffen ist.

Auch innerhalb des völkerrechtlichen Bereichs ist das Thema zusätzlich zu begrenzen. Gegenstand der Untersuchung sollen nicht sein jene Erklärungen, die z. B. im Bereich des Kriegsrechts zwischen militärischen Befehlshabern ausgetauscht werden[2] und die sich häufig nur in begrenztem Rahmen auswirken. Es sollen vielmehr solche Erklärungen geprüft werden, die außerhalb des Krieges nicht von untergeordneten Stellen ausgehen, sondern die überwiegend zwischen unabhängigen Staaten unmittelbar gewechselt werden[3].

Neben der Frage, welche völkerrechtlichen Erklärungen mit dem Begriff Ultimatum zu bezeichnen sind, bestehen weitere Streitpunkte. Dazu gehören z. B. die Fragen, wer im Rahmen des Völkerrechts rechtlich befähigt ist, ein Ultimatum zu stellen, insbesondere ob internationale Organisationen Absender oder Empfänger derartiger Erklärungen sein können, weiter die Frage der Formvorschriften und des Rechtscharakters des Ultimatums.

Eine erneute Bearbeitung dieser Fragen erscheint deshalb trotz des Vorliegens einiger größerer Monographien zu diesem Thema — allerdings sämtlich aus der Zeit vor dem zweiten Weltkrieg — angesichts der Weiterentwicklung des Völkerrechts, gerade auch des Rechts der internationalen Organisationen, gerechtfertigt.

---

[1] *Asbeck,* Das Ultimatum im modernen Völkerrecht, S. 1 bezeichnet einen sog. ultimativen Gedanken, d. h. die Klarstellung, daß nunmehr die Verhandlungen ihrem Ende zugehen und das Stadium der Gewaltanwendung bevorsteht, als allgemeines Kulturgut. — *Frei,* Die völkerrechtliche Wertung des Ultimatums, S. 10 ff. geht ebenfalls von diesem Begriff und ähnlichen Erwägungen aus.

[2] Beispiele bringen: *Frei,* a.a.O., S. 11; *Wehberg,* Artikel „Ultimatum" bei *Strupp,* Wörterbuch des Völkerrechts und der Diplomatie, Bd. II, S. 755; *Churchill,* Der zweite Weltkrieg, S. 840.

[3] *Frei,* a.a.O., S. 25 bezeichnet sie als Ultimaten der „Großen Politik".

B. Der völkerrechtliche Begriff des Ultimatums

I. Die Geschichte des Begriffs Ultimatum

a) Seine Verwendung im III. Haager Abkommen über den Beginn der Feindseligkeiten vom 18. Oktober 1907

Als Ausgangspunkt einer Untersuchung des völkerrechtlichen Begriffs Ultimatum bietet sich das III. Haager Abkommen vom 18. Oktober 1907, die sog. Konvention über die Eröffnung der Feindseligkeiten, an, da dies die einzige Völkerrechtsquelle ist, die den Begriff ausdrücklich erwähnt. Den äußeren Anlaß zu einer erneuten Erörterung der mit dem Beginn eines Krieges zusammenhängenden völkerrechtlichen Fragen und endlich den Anstoß zur Schaffung dieser Konvention hatte der russisch-japanische Krieg von 1904/05 gegeben[4]. Die Schwächung der russischen Flotte durch einen überraschenden Torpedoangriff auf Port Arthur schon vor Kriegserklärung hatte es den Japanern ermöglicht, starke Truppenverbände ungehindert nach Korea überzusetzen. Dieser Überfall hatte die Weltöffentlichkeit tief beunruhigt.

Nach längeren Vorarbeiten wurde am 18. Oktober 1907 im Haag die Konvention über die Eröffnung der Feindseligkeiten zusammen mit einer Reihe anderer kriegsrechtlicher Vorschriften unterzeichnet. Ihr Artikel I lautet[5]: „Die Vertragsmächte erkennen an, daß die Feindseligkeiten unter ihnen nicht beginnen dürfen, ohne eine vorausgehende unzweideutige Benachrichtigung, die entweder die Form einer mit Gründen versehenen Kriegserklärung oder die eines Ultimatums mit bedingter Kriegserklärung haben muß".

Rund 30 Staaten haben die III. Haager Konvention entweder sofort unterzeichnet oder sind ihr im Laufe der Zeit beigetreten[6]. Die allgemeine Geltung dieses Abkommens ist jedoch bis heute noch umstritten[7]. Einmütigkeit besteht nur darüber, daß die Signatarmächte gebunden

---

[4] Vgl. den diesen Fragenkomplex betreffenden Bericht des Belgiers Albéric Rolin, Berichterstatter des Institut de Droit International, Annuaire de l'Institut de Droit International 21 (1907), S. 27.

[5] RGBl 1910, S. 98.

[6] *Greenspan,* The Modern Law of Land Warfare, S. 35.

[7] *Rolin,* AIDI 21 (1907), S. 278, vertrat bereits bei den Beratungen die Ansicht, die Konvention enthalte nur die deklaratorische Formulierung allge-

sind. Umstritten ist auch die Bedeutung der in diesem Abkommen ver-
wendeten Begriffe. Zwar herrscht Übereinstimmung insoweit, daß der
in Artikel I des III. Haager Abkommens genannte Begriff Ultimatum
gleichbedeutend ist mit einer Erklärung, die eine bedingte Kriegserklärung enthält. Der Meinungsstreit setzt aber schon im Hinblick auf die
Worte „mit bedingter Kriegserklärung" ein. Dieser Zusatz hat nach
allen Auffassungen Klarstellungsfunktion. Nach der einen Meinung soll
damit festgestellt werden, daß es nur Ultimaten mit bedingter Kriegserklärung gebe[8]. Dieser Auffassung steht der Standpunkt gegenüber, der
ausdrückliche Zusatz könne nur die Aufgabe haben, deutlich zu machen,
daß es auch solche Ultimaten gebe, die keine bedingte Kriegserklärung
enthielten[9].

b) Die Verwendung des Begriffes vor dem III. Haager Abkommen

Weder die geschichtliche Entwicklung noch die Behandlung des Problems in der völkerrechtlichen Literatur aus der Zeit vor der Schaffung
der Konvention im Jahre 1907 sind hinreichend aufschlußreich, als daß
sie eine klare Entscheidung ermöglichten. Auch die Beratungen vor der
Unterzeichnung des Abkommens geben keinen Aufschluß. Freilich legt
der enge Zusammenhang in der Verwendung der Begriffe Ultimatum
und bedingte Kriegserklärung in dem Abkommen von 1907 die Gleich-
stellung nahe. Dieser Schluß ist jedoch nicht zwingend.

1. Die klassische Völkerrechtsperiode

Zwar kennen schon die Klassiker des Völkerrechts die bedingte Kriegserklärung und sind z. T. bereits der Auffassung, daß der Eröffnung des

---

mein geltenden und geübten Völkerrechts; ebenso *Scott*, Conférence de la
Haye, S. 443. Anderer Auffassung sind: Kebedgy, AIDI 21 (1907), S. 285;
Stowell, Convention Relative to the Opening of Hostilities, American Journal
of International Law 2 (1908), S. 57; *Kunz*, Kriegsrecht und Neutralitätsrecht,
S. 39, vertritt die Ansicht, es handle sich um partikuläres, nur die Vertrags-
partner bindendes Recht; ebenso *Mosler*, Artikel „Kriegsbeginn" bei *Strupp-
Schlochauer*, Wörterbuch des Völkerrechts, Band II, S. 328, mit weiteren
Nachweisen. Die Auffassung, die III. Haager Konvention gelte heute als all-
gemeines Gewohnheitsrecht, vertreten: *Eagleton*, Form and Function of the
Declaration of War, AJIL 32 (1938), S. 21; *Greenspan*, a.a.O., S. 35.

[8] *Asbeck*, a.a.O., S. 16 ff. meint aufgrund der Entstehungsgeschichte, daß die
Teilnehmer der Haager Konferenz und auch der voraufgehenden Tagung in
Gent noch dieser Auffassung waren. Seine Meinung wird gestützt durch die
Äußerung des englischen Institutmitgliedes Sir Thomas Barclay, der den
Begriff des Ultimatums als „déclaration de guerre tacite" definiert, AIDI 21
(1907), S. 272. Zur gesamten Entstehungsgeschichte des Abkommens vgl. die
Beratungsprotokolle der Sitzung des Institut de Droit International in Gent
vom 19./20. September 1906, AIDI 21 (1907), S. 269 ff.

[9] *Braun*, Démarche, Ultimatum, Sommation. S. 51 ff.

Krieges die vorherige Ankündigung an den Gegner vorauszugehen habe[10]. Bei keinem der erwähnten Autoren des sog. klassischen Völkerrechts aber findet sich in diesem Zusammenhang der Begriff Ultimatum[11], obwohl der Begriff selbst schon früher geprägt und bekannt war. Du Cange-Favre weisen nach, daß er bereits im 14. Jahrhundert in der Gelehrtenliteratur vorkommt[12].

2. Der Begriff Ultimatum in der nachklassischen Zeit

Die Behauptung Brauns, im 17. Jahrhundert sei der Begriff in der Diplomatensprache mit Sicherheit noch nicht gebraucht worden[13], wird sich in Anbetracht der von Du Cange-Favre angegebenen Quellen kaum nachweisen lassen.

Weitere Verwendung hat der Begriff dann erst im 19. Jahrhundert gefunden. Um diese Zeit ist er z. B. als Lehnwort in die französische Sprache aufgenommen worden[14].

In der völkerrechtlichen Literatur wird der Begriff des Ultimatums erst etwa seit der Mitte und vor allem seit den letzten Jahrzehnten des vergangenen Jahrhunderts erwähnt[15]. Nach der Unterzeichnung des III. Haager Abkommens setzte eine stärkere Beschäftigung mit dem Begriff und dem Rechtsinstitut des Ultimatums ein. Eine einheitliche Beantwortung aller mit dem Ultimatum zusammenhängenden Fragen hat sich daraus jedoch bis heute nicht ergeben.

---

[10] *Grotius*, De iure belli ac pacis, Drittes Buch, Kap. 3; V, VII; *Vattel*, Droit des Gens, Buch III, Kap. IV, §§ 52, 53. Im 19. Jahrhundert vertreten *Schmalz*, Völkerrecht, S. 22 ff., und *Bluntschli*, Das moderne Völkerrecht der civilisierten Staaten, § 521, die Meinung, eine solche Ankündigung sei auch rechtlich erforderlich. — a. A. *Schmelzing*, Systematischer Grundriß des praktischen europäischen Völkerrechts, Bd. III, § 458.

[11] Falsch ist deshalb auch die von *Frei*, a.a.O., S. 12, aufgestellte Behauptung, Grotius und Vattel hätten versucht, den Begriff des Ultimatums zu bestimmen.

[12] *Du Cange-Favre*, Glossarium mediae et infimae latinitatis, S. 364. Danach taucht der Begriff z. B. in einem Annalenwerk von 1399 und in einer Imitatio Christi von Johannes Gerson (1362—1428) auf. Bei Du Cange-Favre heißt es dann: „Hinc: Ultimatum, pro ultimum consilium, saepissime occurrit in Cancellariis Germ. **Consil.**".

[13] *Braun*, Démarche, S. 45.

[14] *Gamillschegg*, Etymologisches Wörterbuch der französischen Sprache, S. 847.

[15] *Cussy*, Dictionnaire du Diplomat et du Consul, S. 129; *Rivier*, Droit des Gens, Bd. II, S. 222; *Pradier-Fodéré*, Cours de Droit Diplomatique, Bd. II, S. 540; *Holtzendorff*, Handbuch des Völkerrechts, Bd. III, S. 672; *Heffter-Geffcken*, Das europäische Völkerrecht der Gegenwart, S. 469.

II. Die Auffassungen von der Bedeutung des Begriffs Ultimatum

In der völkerrechtlichen Literatur lassen sich im wesentlichen drei Auffassungen vom Begriff des Ultimatums unterscheiden, wobei innerhalb dieser Gruppen in Einzelfragen Unterschiede oder Überschneidungen mit den anderen Auffassungen feststellbar sind.

a) Das Ultimatum
als völkerrechtliche Forderung mit bedingter Kriegserklärung

Die erste Auffassung hat den Inhalt des Begriffes Ultimatum am stärksten ausgestaltet. Sie schreibt dem Begriff Ultimatum die größte Zahl ganz spezifischer Merkmale und Voraussetzungen zu, so daß dementsprechend für sie der Umfang des Begriffes geringer ist[16]. Die Vertreter dieser Auffassung können folglich weniger völkerrechtliche Schritte mit diesem Begriff bezeichnen, als dies bei den anderen Auffassungen der Fall ist. Noch in neuester Zeit hat Greenspan, ein Vertreter dieser Auffassung, den Begriff des Ultimatums folgendermaßen definiert[17]: „An ultimatum consists in a peremptory warning by one state to another that unless certain stated conditions are complied with within a fixed time, a state of war will result between the parties. It demands a clear and categorical reply, and the absence of reply or a dilatory reply is taken to be equivalent to rejection".

Bereits ein Jahrzehnt vor der Schaffung der III. Haager Konvention hatte Rivier Ultimatum und bedingte Kriegserklärung als gleichbedeutend dargestellt[18].

Im Zuge des nach 1907 aufkommenden stärkeren Interesses der Völkerrechtswissenschaft an der Behandlung der Fragen, die mit der Eröffnung der Feindseligkeiten zusammenhängen, trat diese Meinung stärker in den Vordergrund. In den von 1912 bis 1917 erschienenen vier deutschen Monographien und Dissertationen über das Thema der Kriegserklä-

---

[16] Bezüglich des Unterschiedes zwischen Inhalt und Umfang eines Begriffes vgl. *Brugger*, Philosophisches Wörterbuch, S. 32.

[17] *Greenspan*, a.a.O., S. 36.

[18] *Rivier*, a.a.O., S. 222.

rung[19] sowie in einer Reihe weiterer Veröffentlichungen[20] werden nach dem Beispiel Riviers Ultimatum und bedingte Kriegserklärung gleichgestellt.

Eine weitere Gruppe von Völkerrechtlern, die den Begriff des Ultimatums lediglich im Rahmen der Darstellung der Kriegserklärung behandeln, ohne jedoch eine Begriffsbestimmung zu geben, ist in diesem Zusammenhang zu erwähnen[21]. Eine genaue Einordnung dieser Gruppe von Autoren ist schwierig, folgt sie doch praktisch dem Beispiel der III. Haager Konvention. In den meisten Fällen beschränkt man sich darauf, den Artikel I der Konvention zu zitieren. Bei dieser Gruppe ist nicht feststellbar, ob ihre Vertreter einen Begriff des Ultimatums kennen, der von dem der bedingten Kriegserklärung verschieden ist[22].

b) Das Ultimatum als unzweideutig formulierte Frage oder Forderung

Die Meinung, die unter einem Ultimatum eine unzweideutige formulierte Frage oder Forderung versteht, bildet einen konträren Gegensatz zu der zuvor dargestellten Auffassung. Der Inhalt des Begriffs ist seinen Merkmalen nach eng begrenzt, umso weiter ist demnach der Umfang dieses Begriffs.

Die Definition, die noch 1958 Satow-Bland gegeben haben[23], enthält wohl die beste Darstellung der Auffassung dieser Autorengruppe[24] vom Begriff des Ultimatums: „This term signifies a note or memorandum in

---

[19] *Roessler*, Die Kriegserklärung und ihre Wirkungen nach modernem Völkerrecht, 1912 ; *Jovy*, Kriegserklärung und Friedensschluß nach deutschem Staats- und Völkerrecht, 1913; *Zellmann*, Die Kriegserklärung im völkerrechtlichen Verkehr, 1913; *Steinlein*, Die Form der Kriegserklärung, 1917.

[20] Näheres siehe bei: *Roessler*, a.a.O., S. 21; *Jovy*, a.a.O., S. 82; *Zellmann* a.a.O., S. 88; *Steinlein*, a.a.O., S. 136; *Jedina*, Kurzer Grundriß des Völkerrechts in seinen Beziehungen zum Kriege, Nr. 85, 86; *Ullmann*, Völkerrecht, S. 473; *Westlake*, International Law, Bd. II, S. 27; *Genet*, Traité de Diplomatie et de Droit Diplomatique, S. 633; weitere Nachweise bei *Braun*, Démarche, S. 50.

[21] *Liszt-Fleischmann*, Das Völkerrecht, S. 180; *Trautmann*, Artikel „Diplomatie" bei *Herre-Jagow*, Politisches Handwörterbuch, Bd. I, S. 448; *Kohler*, Grundlagen des Völkerrechts, S. 184; *Strupp*, Das internationale Landkriegsrecht, S. 18; in neuester Zeit noch *Menzel* in seinem 1962 veröffentlichten Lehrbuch des Völkerrechts, S. 359.

[22] Aus dem Ort der Untersuchung — nämlich im Zusammenhang mit dem Kriegsrecht — könnte man vielleicht entnehmen, daß auch für sie eine völkerrechtliche Erklärung nur dann die Bezeichnung Ultimatum verdient, wenn sie eine bedingte Kriegserklärung enthält.

[23] *Satow-Bland*, A Guide to Diplomatic Practice, S. 105.

[24] Neben Satow- Bland gehören dazu: *Braun*, Démarche, S. 57 f. und Artikel „Ultimatum" bei *Strupp*, Wörterbuch des Völkerrechts und der Diplomatie, Bd. III, S. 1102 mit der folgenden etwas abweichenden Definition:

which a Government or its diplomatic representative sets forth the conditions on which the state in whose name the declaration is made will insist. It should contain an express demand for a prompt, clear and categorical reply and it may also require the answer to be given within a fixed limit of time. This is as much as to say that an ultimatum embodies the final condition or concession, „the last word", so to speak, of the person negotating. It ordinarily, but not always, implies a threat to use force, if the demand is not complied with".

Nur wenige Merkmale — Stellung unzweideutiger Fragen oder Darlegung des eigenen Standpunktes in Form eines letzten Wortes, und eine Fristsetzung zur Beantwortung — sind danach erforderlich, um die Voraussetzungen des Begriffs Ultimatum zu erfüllen.

c) Die Mittelmeinung

Zwischen den beiden bisher dargestellten Auffassungen steht eine dritte, die den Begriff Ultimatum seinem Umfange nach nicht so weit wie die zuletzt angeführte Meinung faßt, die aber das Ultimatum auch nicht ausschließlich als bedingte Kriegserklärung sieht.

Stellvertretend für die Anhänger der hier als Mittelmeinung bezeichneten Auffassung soll die Definition wiedergegeben werden, die Berber dem Begriff Ultimatum gibt[25]: „Ein Ultimatum ist der kategorische, befristete Vorschlag einer Regierung mit der Androhung bestimmter Maßnahmen (früher häufig der Kriegseröffnung)[26] von Seiten des das Ultimatum erlassenden Staates für den Fall der Nichtannahme. Das Ultimatum stellt das letzte Wort einer Regierung dar, demgegenüber keine Möglichkeit neuer Verhandlungen und Diskussionen mehr besteht, nur die Möglichkeit einer Annahme oder Nichtannahme".

Ein Ultimatum ist eine unzweideutig formulierte, Fragen oder Forderungen enthaltende, von einem Staat an einen anderen Staat, oder von einer Mehrheit von Staaten an einen einzelnen gerichtete Note, deren unzweideutig formulierte Beantwortung bzw. uneingeschränkte Annahme binnen einer bestimmten Frist erfolgen soll. Die Ankündigung bestimmter Folgen für den Fall der Ablehnung kann beigefügt werden; für den Begriff des Ultimatums ist dies jedoch nicht erforderlich". — *Vaughan Williams*, Les Méthodes de Travail de la Diplomatie, Recueil des Cours de l'Académie de Droit International 4 (1924/III), S. 258; ebenso *Repecka*, Der gegenwärtige völkerrechtliche Status der baltischen Staaten, S. 135; *Cussy*, a.a.O., S. 129; *Heffter-Geffcken*, a.a.O., S. 469; *Pradier-Fodéré*, a.a.O., S. 540; weitere Nachweise bei *Asbeck*, a.a.O., S. 2.

[25] *Berber*, Lehrbuch des Völkerrechts, Bd. I, S. 288 f.

[26] *Berber* hält jedoch auch heute noch ein Ultimatum mit bedingter Kriegserklärung — etwa im Rahmen von Kollektivaktionen von UN-Mitgliedsstaaten — für rechtlich zulässig; vgl. *Berber*, Lehrbuch des Völkerrechts, Bd. II, S. 88/89.

In der neueren völkerrechtlichen Literatur wird überwiegend diese Auffassung von der Bedeutung des Begriffes Ultimatum vertreten[27]. Dabei ist jedoch einschränkend hinzuzufügen, daß bei einigen Autoren Abweichungen von der Definition Berbers vorliegen. So ist nach der Begriffsbestimmung Bauers[28], der grundsätzlich ebenfalls der Mittelmeinung zuzurechnen ist, unter einem Ultimatum zu verstehen „die eindeutige letzte Mitteilung eines Standpunktes oder einer Forderung, verbunden mit der Angabe einer Frist, binnen deren der Standpunkt anerkannt oder die Forderung erfüllt sein muß und einer Drohung für den Fall der Nichterfüllung". Zu dieser Auffassung läßt sich sagen, daß sie in sich widerspruchsvoll ist. Die eindeutige letzte Mitteilung eines Standpunktes, selbst wenn sie mit einer Fristsetzung verbunden ist, zwingt schon rein begrifflich den Empfänger nicht, etwas anzuerkennen. Eine Mitteilung ist ihrem Weisen nach nicht notwendig darauf gerichtet, eine Stellungnahme — sei sie ablehnend oder zustimmend — hervorzurufen. Ebenso ist es zumindest sprachlich unklar, im Zusammenhang mit einer Mitteilung, auch wenn sie noch so kategorisch ist, von einer Nichterfüllung zu sprechen. Erfüllbar sind Ansprüche oder Forderungen, nicht aber Mitteilungen. Die Auffassung Bauers wäre nur dann sinnvoll, wenn die Mitteilung eines Standpunktes zwangsläufig und in jedem Falle die Aufforderung zu einer Stellungnahme zum Inhalt hätte. Für diesen Fall wäre aber in der Begriffsbestimmung Bauers die Alternative „Mitteilung eines Standpunktes" entbehrlich, da auch dieser Fall dann von dem weiteren Begriff „eindeutige letzte Mitteilung einer Forderung" umschlossen würde.

Es hat den Anschein, daß Bauer die weiteste Auffassung und die soeben dargelegte Mittelmeinung in einer einzigen Erläuterung des Begriffs Ultimatum zusammenfassen wollte, ohne dabei zu beachten, daß diese beiden Auffassungen sich auf ganz verschiedene völkerrechtliche Erklärungen beziehen. Bauer schränkt freilich seine Aussage wieder

---

[27] *Hold-Ferneck*, Lehrbuch des Völkerrechts, Bd. II, S. 258; *Neurath*, Der italienisch-griechische Konflikt vom Jahre 1923, S. 62; *Peters*, Artikel „Ultimatum" bei *Herre-Jagow*, a.a.O., Bd. II S. 827; *Wehberg*, Artikel „Ultimatum" bei *Strupp*, Wörterbuch, Bd. II, S. 755; *Asbeck*, a.a.O., S. 8 f.; *Frei*, a.a.O., S. 18; unklar jedoch S. 21; *Oppenheim-Lauterpacht*, International Law, Bd. II, S. 133; *Brown*, Undeclared Wars, AJIL 33 (1939), S. 540; *Hill*, Was there an ultimatum before Pearl Harbor, AJIL 42 (1948), S. 355; *Meissner*, Die Sowjet-Union, die baltischen Staaten und das Völkerrecht, S. 194; *Castrén*, The Present Law of War an Neutrality, S. 97; so wohl auch *Guggenheim*, Lehrbuch des Völkerrechts, Bd. II, S. 817 ff.; *Hyde*, International Law chiefly as interpreted and applied by the United States, Bd. III, S. 1694; *v. d. Heydte*, Völkerrecht, Bd. II, S. 105 ff.

[28] *Bauer*, Artikel „Ultimatum" bei *Strupp-Schlochauer*, Wörterbuch des Völkerrechts, Bd. III, S. 467.

etwas ein[29], obwohl er dadurch selbst in Widerspruch zu der von ihm zuerst gegebenen Deutung gerät.

Unzutreffend ist auch die von ihm inzidenter aufgestellte Behauptung[30], heute sei der Streit um den Begriffsinhalt des Ultimatums ausgetragen. Daß in Bezug auf den Begriff Ultimatum heute noch, wenn vielleicht auch nur vereinzelt, Streitpunkte bestehen, hat sich aus der Besprechung der verschiedenen Auffassungen ergeben. Nur wenn man dem Beispiel Bauers folgt und zwei Definitionen zusammenfaßt, so besteht tatsächlich nur noch wenig Streit, da unter den neueren Autoren die allein verbleibende Auffassung, nämlich Gleichsetzung von Ultimatum und bedingter Kriegserklärung, kaum mehr vertreten wird.

d) Vergleich der Auffassungen

Die entscheidenden Merkmale und Unterschiede der drei Meinungen ergeben sich bei einer Gegenüberstellung. Das Ultimatum als bedingte Kriegserklärung wird gekennzeichnet durch drei Punkte: es enthält die Aufforderung zu einem bestimmten Verhalten (Tun, Unterlassen oder Dulden), die Angabe einer Frist zur Erfüllung dieser Aufforderung und die Ankündigung, daß der Friedenszustand zwischen Absender und Empfänger der Erklärung für den Fall der Nichterfüllung beendet werden wird.

In diesem Zusammenhang ist noch zu erwähnen, daß in neuerer Zeit — insbesondere seit dem 1. Weltkrieg — die schon im Mittelalter entwickelte Lehre vom „bellum justum" bei der Frage nach dem Bestehen von Kriegsverboten wieder an Boden gewonnen hat[31]. Diese Auffassung ist jedoch nur insoweit von Bedeutung, als es sich darum handelt, die

---

[29] *Bauer*, Artikel „Ultimatum" bei *Strupp-Schlochauer*, Wörterbuch des Völkerrechts, Bd. III, S. 467: „Durch ein Ultimatum werden etwa schwebende Verhandlungen beendet, der Verhandlungspartner wird kategorisch zu einer bestimmten Stellungnahme oder zu einem Tun, Unterlassen oder Dulden aufgefordert.

[30] *Bauer*, Artikel „Ultimatum" bei *Strupp-Schlochauer*, Wörterbuch des Völkerrechts, Bd. III, S. 467.

[31] Die bellum-justum-Lehre (einen Überblick über ihre geschichtliche Entwicklung gibt *Berber*, Lehrbuch des Völkerrechts, Bd. II, S. 27 ff.) besagt im wesentlichen, daß ein Krieg nur zur Durchsetzung einer gerechten Sache geführt werden darf und daß zusätzlich die rechte Absicht (justa intentio) des Kriegführenden erforderlich ist. Zum Verständnis dieser Auffassung ist zu unterscheiden zwischen dem ius ad bellum, d. h. dem Recht, einen Krieg in erlaubter Weise zu beginnen, und dem ius in bello, also der Gesamtheit der im Rahmen des Kriegszustandes anwendbaren Rechtsnormen. Streitig ist, inwieweit die Grundsätze dieser Lehre Bestandteil des geltenden Völkerrechts sind; bejahend: *Kelsen*, Principles of International Law, S. 38; *Strisower*, Der Krieg und die Völkerrechtsordnung S. 143; *Rutgers*, La mise en

rechtliche Zulässigkeit der in einem Ultimatum angedrohten Zwangsmittel zu beurteilen. Bei der Abgrenzung der Bedeutungen, unter denen
der Begriff Ultimatum gebraucht wird, wirkt sich diese Auffassung nicht
aus. Sie wird näher darzustellen sein, wenn die Vereinbarkeit eines Ultimatums mit bedingter Kriegserklärung mit den Grundsätzen der UN-
Charta geprüft wird[32].

Von der Auffassung, nach der ein Ultimatum eine völkerrechtliche
Forderung mit bedingter Kriegserklärung darstellt, unterscheidet sich
die Mittelmeinung nur in einem Merkmal. Sie geht zwar ebenfalls davon
aus, daß in einem Ultimatum zunächst eine Forderung und als weiteres
Kennzeichen eine Fristsetzung zur Erfüllung dieser Forderung enthalten
sein muß. Darüberhinaus verlangt sie als dritten Punkt eine Androhung
(oder Ankündigung) eigenen Verhaltens — auf die möglichen Formen
des angedrohten Verhaltens wird noch einzugehen sein[33] — für den Fall
der Nichterfüllung. Anders als die erste Mitteilung will sie jedoch auch
jene Erklärung, die für den Fall der Nichterfüllung andere Folgen als
den Abbruch der friedlichen Beziehungen ankündigen, als Ultimatum
bezeichnen. Nach der Mittelmeinung sind es demnach genau wie bei der
engsten Auffassung drei Merkmale, die für die Bewertung einer Erklärung als Ultimatum vorausgesetzt werden.

Die weiteste Meinung schließlich verlangt nur zwei Kennzeichen, deren
Vorliegen bereits die Bezeichnung einer völkerrechtlichen Erklärung als
Ultimatum rechtfertigen soll: eine unzweideutig formulierte Frage oder
Forderung und die Festsetzung einer Frist[34]. Für diesen weitesten Be-
griffskreis braucht eine Drohung in dem Ultimatum nicht enthalten zu
sein.

Der Vergleich der verschiedenen Begriffskreise ergibt, daß sie sich
gegenseitig nicht völlig ausschließen. Sie stehen vielmehr in einem bestimmten logischen Stufenverhältnis in der Form, daß z. B. die Mittelmeinung auch solche Erklärungen, die als Drohung eine bedingte Kriegserklärung enthalten, als Ultimatum bezeichnen muß, da die bedingte

---

harmonie du pacte de la Société des nations avec le pacte de Paris, RdC 38
(1931/IV), S. 21; *Guggenheim,* a.a.O., Bd. II, S. 591; a. A.: *Kunz,* Artikel
„Kriegsbegriff" bei *Strupp-Schlochauer,* Wörterbuch des Völkerrechts, Bd. II,
S. 330; *Stone,* Legal Controls of International Conflict, S. 297 ff., besonders
S. 303; *Berber,* Lehrbuch des Völkerrechts, Bd. II, S. 31.

[32] Vgl. unten Abschn. C II b 1.

[33] Vgl. unten Abschn. C II b 2.

[34] Die überwiegende Zahl der Vertreter dieser Gruppe hält dabei nicht
einmal die Fristsetzung für unbedingt erforderlich; vgl. z. B. *Vaughan Williams,* RdC 4 (1924/III)., S. 258; ihm folgend: *Repecka,* a.a.O., S. 135; *Holtzendorff,* a.a.O., Bd. III, S. 672, *Cussy,* a.a.O., S. 129; *Pradier-Fodéré,* a.a.O.,
Bd. II, S. 540.

Kriegserklärung nur ein Unterfall der allgemeinen Ankündigung eines bestimmten eigenen Verhaltens ist. Dies gilt nicht im Verhältnis zu der weitesten Meinung, da diese sich auf zwei Voraussetzungen beschränkt. Die letzte Gruppe ihrerseits müßte, obwohl dies nicht ausdrücklich geschieht, alle untersuchten Erklärungsarten als Ultimatum bezeichnen, da zwei der von den anderen Meinungen geforderten Voraussetzungen für sie ausreichen, um den Begriff Ultimatum anwenden zu können.

III. Der Begriff des Ultimatums nach heutigem Völkerrecht

Problemstellung und methodische Fragen

War die bisherige Untersuchung in erster Linie einem geschichtlichen Überblick, zum anderen der Darlegung des Meinungsstandes in der völkerrechtlichen Lehre gewidmet, so soll nunmehr der Blick stärker auf die völkerrechtliche Praxis gelenkt werden. Es geht dabei hauptsächlich um die Frage, ob diese Praxis sich eine der drei zur Bedeutung des Begriffes Ultimatum vertretenen Auffassungen zu eigen gemacht hat. Bei der Untersuchung der Frage nach der Verwendung des Begriffes Ultimatum im heutigen Völkerrecht geht es nicht um eine Begriffsbestimmung in dem Sinne, daß die einzelnen Merkmale des Begriffes festzustellen wären. Eine solche Begriffsbestimmung als ein dem Bereich der Logik angehörender geistiger Vorgang zielt darauf ab, die Wesensmerkmale eines Erkenntnisobjekts aufzufinden und sie mit einem Begriff, d. h. einem Sprachsymbol zu umschreiben[35]. Es handelt sich dabei um ein rein sprachliches Zeichen, das auf der Übereinkunft der Sprachgenossen beruht und das — zumindest theoretisch — beliebig austauschbar ist, da der Begriffsinhalt durch eine andere Bezeichnung nicht geändert wird.

Im Gegensatz zu der geschilderten Aufgabe stellt sich nunmehr die Frage, wie ein in seinem Ursprung möglicherweise rein wissenschaftlich verwendeter Begriff, der zu Anfang ein ganz bestimmtes Objekt umschrieb, später aber auf ganz unterschiedliche Formen völkerrechtlicher Erklärungen angewendet wurde, heute in der Rechtssprache der Völkerrechtspraxis gebraucht wird. Diese völkerrechtliche Praxis wird darüber Auskunft geben, für welche der drei gekennzeichneten Erklärungsarten sich der Begriff Ultimatum als Sprachsymbol durchgesetzt hat. Läßt sich ein solcher überwiegender Sprachgebrauch als Ergebnis der Untersuchung feststellen, so empfiehlt es sich aus Gründen der Klarheit und auch der Rechtssicherheit, diesem allgemeinen Sprachgebrauch zu folgen. Entscheidend für die Feststellung der allgemeinen Verwendung des Begriffes sind jene geschichtlichen Vorgänge der völkerrechtlichen Praxis, in deren Zusammenhang der Begriff Ultimatum aufgetaucht ist.

---

[35] *Brugger*, Philosophisches Wörterbuch, S. 33.

Demnach müssen zunächst Beispiele für solche Vorgänge gesucht werden, die im Völkerrechtsverkehr als Ultimatum bezeichnet wurden. Danach ist festzustellen, welches die gemeinsamen Merkmale sind, die allen als Ultimatum bezeichneten Erklärungen zukommen. Diese Aufgabe begegnet freilich einer Schwierigkeit: aus Gründen, die weniger auf rechtlichem als auf politischem Gebiet liegen, wird von den Absendern einer völkerrechtlichen Erklärung sehr häufig bestritten, daß ihre Erklärung ein Ultimatum darstelle. Die Qualifizierung solcher Akte durch die völkerrechtliche Literatur wiederum, die einen Hinweis geben könnte, hängt von der Auffassung des jeweiligen Autors über Wesen und Umfang des Begriffs Ultimatum ab. Obwohl dadurch die Gefahr von Zirkelschlüssen besteht, liegt in dieser Methode der einzige Weg, Begriff und Bedeutung des Ultimatums festzustellen[36].

---

[36] Andere Lösungsversuche scheinen in Anbetracht der geschilderten Aufgabenstellung noch weniger angemessen. *Frei*, a.a.O., S. 12, geht z. B. von dem römisch-rechtlichen Begriff der clarigatio aus. Dieser Begriff hatte im römischen Recht verschiedene Bedeutungen. Er konnte bedeuten die Verpflichtung zur Zahlung von Lösegeld oder Buße, vielleicht auch den Anspruch auf solche Leistungen (*Wissowa*, Artikel „clarigatio" bei *Pauly-Wissowa*, Real-Encyclopädie der classischen Altertumswissenschaft, Bd. III, Sp. 2627). Im ius fetiale, d. h. den sakralen Formen, die von den Römern im völkerrechtlichen Verkehr angewendet wurden, bezeichnete dieser Begriff die von dem Priesterkollegium der Fetialen nach Erdulden eines völkerrechtlichen Unrechts für Rom erhobene Wiedergutmachungsforderung, die für den Fall ihres Mißerfolges die Kriegserklärung (indictio belli) nach sich ziehen konnte (*Wissowa*, Artikel „clarigatio" bei *Pauly-Wissowa*, a.a.O., Bd. III, Sp. 2627; *Samter*, Artikel „Fetiales" bei *Pauly-Wissowa*, a.a.O., Bd. VI, Sp. 2260/2263). *Frei* versucht eine Klärung des Begriffs Ultimatum auf dem Wege über einen Vergleich der Begriffe Ultimatum und clarigatio, obwohl er den Begriff Ultimatum selbst noch nicht erläutert hat. Vergleichbar sind aber nur zwei selbst schon bekannte Begriffe.

Bei seinem Vergleich unterstellt *Frei* Ergebnisse, zu denen er erst später kommt. Eine Übereinstimmung oder Vergleichbarkeit beider Begriffe lehnt er schließlich mit folgender, schon rein sprachlich unzulänglicher Begründung ab: (*Frei*, a.a.O., S. 13): „Letzten Endes beweist auch die Tatsache, daß der Begriff Ultimatum, der, wie bereits erwähnt, ein Bestand des täglichen Lebens geworden ist, eine Gleichsetzung mit der den weitesten Kreisen unbekannten clarigatio ausschließt, da nun einmal die Aufnahmefähigkeit des breiten Volkes, wie Adolf Hitler, a.a.O., pag. 108 anführt, eine begrenzte ist und bleibt".

IV. Das Ultimatum in der Völkerrechtspraxis

a) Das Ultimatum als bedingte Kriegserklärung

Die Terminologie des Artikels I der III. Haager Konvention, auf die sich diese Verwendung des Begriffes Ultimatum stützt, findet am ehesten ihre Bestätigung in der völkerrechtlichen Praxis, da in dieser Bestimmung des Vertragswerkes ein Ultimatum mit bedingter Kriegserklärung ausdrücklich vorgesehen ist. Als Beispiele sollen deshalb hier nur die deutsche Note an Belgien vom 2. August 1914 und die Erklärungen der Alliierten an Deutschland vom 4. August 1914 und vom 3. September 1939 angeführt werden.

1. Die deutsche Note an Belgien vom 2. August 1914

Am 2. August 1914 überreichte der deutsche Gesandte in Brüssel eine Note, die ihm bereits am 29. Juli 1914 übermittelt worden war[37]. In der Note wurde zunächst dargelegt, daß Deutschland mit dem Einmarsch französischer Truppen nach Belgien und einem Mißerfolg belgischer Verteidigungsbemühungen rechne. Es sei aus Gründen der Selbsterhaltung geboten, diesem Angriff zuvorzukommen. Belgien wurde deshalb aufgefordert, den Einmarsch deutscher Trupen zu dulden. Mit diesem Schritt beabsichtige Deutschland keine Feindseligkeit; nach Friedensschluß[38] würde das Gebiet des Königreichs Belgien wieder geräumt; für etwaige Schäden wurde Schadenersatz in Aussicht gestellt. Wörtlich heißt es dann in der Note[39]: „Sollte Belgien den deutschen Truppen feindlich entgegentreten, insbesondere ihrem Vorgehen durch Widerstand der Maasbefestigungen oder durch Zerstörungen von Eisenbahnen, Straßen, Tunneln oder sonstigen Kunstbauten Schwierigkeiten bereiten, so wird Deutschland zu seinem Bedauern gezwungen sein, das Königreich als Feind zu betrachten. In diesem Falle würde Deutschland dem Königreich gegenüber keine Verpflichtungen übernehmen können, sondern müßte die spätere Regelung des Verhältnisses beider Staaten zueinander der Entscheidung der Waffen überlassen."

---

[37] Text der deutschen Note bei *Montgelas-Schücking*, Die deutschen Dokumente zum Kriegsausbruch 1914, Bd. II, S. 89 ff.

[38] Deutschland hatte Rußland schon am 1. August 1914 den Krieg erklärt; die Kriegserklärung an Frankreich erfolgte am 3. August 1914.

[39] *Montgelas-Schücking*, a.a.O., Bd. II, S. 90.

Der deutsche Gesandte war angewiesen worden, die belgische Regierung um Erteilung einer unzweideutigen Antwort binnen 12 Stunden zu ersuchen[40].

Der deutsche Hinweis auf die Selbsterhaltungsabsichten könnte Zweifel entstehen lassen, ob es sich bei dieser Erklärung um ein Ultimatum im kriegsvölkerrechtlichen Sinne handelt, oder ob sie nur eine Erklärung im Sinne der Mittelmeinung darstellt, ob es sich also bei dem Truppeneinmarsch um eine Kriegshandlung oder um eine militärische, aber nicht kriegerische Maßnahme handeln sollte[41]. Schon der Wortlaut der Erklärung, der zwar den Begriff Krieg nicht ausdrücklich verwendet, der aber von einer „Entscheidung der Waffen" und von einem Verhältnis der Feindschaft spricht, macht jedoch deutlich, daß Deutschland den Abbruch der friedlichen Beziehungen beabsichtigte, falls Belgien die Erlaubnis zu einem Truppeneinmarsch nicht erteilen sollte[42]. Die Erklärung wurde auch von belgischer Seite in diesem Sinne aufgefaßt, denn in einem Telegramm des belgischen Königs vom 4. August 1914 an den deutschen Kaiser ist von einer Wahl Belgiens zwischen Krieg und Ehrlosigkeit die Rede[43].

Die Aufforderung Deutschlands an Belgien vom 2. August 1914 ist somit als Ultimatum im kriegsvölkerrechtlichen Sinne (Artikel I der III. Haager Konvention von 1907) anzusehen.

2. Die britische Note an Deutschland vom 4. August 1914

Nach Ablehnung der deutschen Forderung durch Belgien am 3. August 1914 begann der Einmarsch deutscher Truppen in das neutrale Land mit dem Ziel, den sogenannten Schlieffen-Plan durchzuführen. Daraufhin überreichte am 4. August 1914 der britische Botschafter in Berlin, Sir Edward Goschen, dem Auswärtigen Amt in Berlin eine Note[44]. Die briti-

---

[40] In der ursprünglichen Anweisung an den deutschen Gesandten war diese Frist auf 24 Stunden bemessen worden; vgl. *Montgelas-Schücking*, a.a.O., Bd. II, S. 91 und Bd. III, S. 115.

[41] Die Bezeichnung Ultimatum gebrauchen *Fay*, Der Ursprung des Weltkriegs, Bd. II, S. 369; *Wegerer*, Der Ausbruch des Weltkrieges, Bd. II, S. 339; *Anrich*, Europas Diplomatie am Vorabend des Weltkriegs, S. 75 (wobei *Anrich* in diesem Zusammenhang ausdrücklich von einer Kriegserklärung spricht.)

[42] Entscheidend für die Abgrenzung zwischen Kriegshandlungen und militärischen Interventionen sind subjektive Merkmale; vgl. dazu im einzelnen unten Abschn. C II b 2 (b) (3).

[43] Text des Telegramms bei *Montgelas-Schücking*, a.a.O., Bd. II, S. 64.

[44] *Rönnefarth-Euler*, Konferenzen und Verträge (Vertrags-Ploetz), Teil II, Bd. IV, S. 5 f., bringen die Vorgeschichte und den Wortlaut der britischen Note.

sche Regierung erklärte darin, daß sie von der deutschen Note an Belgien und von der Verletzung belgischen Territoriums erfahren habe.

„Unter diesen Umständen und in Anbetracht der Tatsache, daß Deutschland sich geweigert hat, in betreff Belgiens die gleiche Versicherung zu erteilen, die Frankreich vergangene Woche als Antwort auf das gleichzeitig in Berlin und Paris gestellte Ersuchen abgegeben hat, muß Sr. M. Regierung dieses Ersuchen wiederholen und verlangen, daß hierauf und auf die von Sir Edward Goschen früher im Laufe des Nachmittags gemachte Mitteilung bis heute 12 Uhr nachts eine zufriedenstellende Antwort in London eingeht. Andernfalls ist Sir Edward Goschen angewiesen, seine Pässe zu verlangen und mitzuteilen, daß Sr. M. Regierung sich verpflichtet hält, alle in ihrer Macht liegenden Schritte zu tun, um die Neutralität Belgiens und die Einhaltung eines Vertrages zu sichern, zu dessen Unterzeichnung Deutschland ebenso gehört wie Sr. M. Regierung[45].“

In den Formulierungen dieser Note wurde auf deutscher Seite eine bedingte Kriegserklärung erblickt[46]. Zwar ergab sich aus dem äußeren Wortlaut zunächst nur die bedingte Erklärung des Abbruchs der diplomatischen Beziehungen. Dennoch war die deutsche Auffassung, die in der Note eine bedingte Kriegserklärung erblickte, richtig. Das beweisen die Vorgänge auf englischer Seite.

Das englische Kabinett hatte auf Drängen einer unter Führung des Marineministers Churchill stehenden Ministergruppe beschlossen, Krieg gegen Deutschland zu führen, falls nicht sofort die belgische Neutralität in vollem Umfange wiederhergestellt würde[47]. Mit dem Hinweis, daß sie derartige Kriegsabsichten nicht billigten, waren zwei Kabinettsmitglieder, die Minister Burns und Morley, zurückgetreten[48]. Auf deutscher Seite sah man also zu Recht in der britischen Note vom 4. August 1914 eine bedingte Kriegserklärung.

---

[45] *Rönnefarth-Euler*, a.a.O., Bd. IV, S. 6 f.

[46] Sie wurde allgemein als Ultimatum bezeichnet; vgl. das Telegramm des deutschen Botschafters in London an das Auswärtige Amt vom 4. August 1914, Text bei *Montgelas-Schücking*, a.a.O., Bd. IV, S. 74; *Rönnefarth-Euler*, a.a.O., Bd. IV, S. 5; *Gebhardt-Grundmann*, a.a.O., Bd. IV, S. 21. — Unmittelbar nachdem ihm der britische Botschafter die Note überreicht hatte, also noch vor Ablauf der dort genannten Frist, telegrafierte Staatssekretär Jagow dem deutschen Botschafter in London „English ambassador just demanded his passports shortly after seven o'clock declaring war" (Text bei *Montgelas-Schücking*, a.a.O., Bd. IV, S. 65, Anm. 2, S. 70). Auch in der Mitteilung des Chefs des Generalstabes des Heeres, von Moltke, an das Auswärtige Amt ist von einer Kriegserklärung Englands die Rede (*Montgelas-Schücking*, a.a.O., Bd. IV, S. 87). Auch *Wegerer*, a.a.O., Bd. II, S. 400 und *Gebhardt-Grundmann*, a.a.O., Bd. IV, S. 21 bezeichnen die britische Note als Kriegserklärung.

[47] *Rönnefarth-Euler*, a.a.O., Bd. IV, S. 6.

[48] *Gebhardt-Grundmann*, a.a.O., Bd. IV, S. 21.

Die Bezeichnung dieser Note als Ultimatum[49] entspricht somit dem Sprachgebrauch des III. Haager Abkommens von 1907.

3. Die englisch-französischen Noten vom 3. September 1939

Der Eintritt des Kriegszustandes zwischen Deutschland einerseits und England und Frankreich andererseits im Jahre 1939 wurde ebenfalls durch ein Ultimatum im Sinne des Haager Abkommens ausgelöst.

(a) Die britische Note

Als Antwort auf das am 23. August 1939 in Moskau zwischen dem Deutschen Reich und der UdSSR abgeschlossene sog. Molotow-Ribbentrop-Abkommen wurde am 25. August 1939 ein polnisch-englisches Beistandsabkommen unterzeichnet[50]. In einer Atmosphäre wachsender Spannung hatte Polen am 30. August 1939 die allgemeine Mobilmachung seiner Truppen angeordnet[51], ohne auf einen englischen Vorschlag vom Vortage zur Aufnahme direkter deutsch-polnischer Gespräche einzugehen. Als am 31. August gegen 18.30 Uhr der polnische Botschafter Lipski in Berlin erklärte, Polen erwäge den englischen Vorschlag wohlwollend, hatte Hitler bereits den Angriff auf Polen befohlen[52]. Am Morgen des 1. September 1939 um 4.45 Uhr begann der deutsche Angriff.

Auf Anweisung des britischen Außenministers Halifax überreichte der Botschafter Sir Nevile Henderson am Nachmittag des 1. September 1939 in Berlin eine Erklärung. Halifax hatte seinen Botschafter darauf hingewiesen, daß dies eine Warnung, nicht schon ein Ultimatum sei[53]. In seinem Telegramm kündigte Halifax abschließend an, der nächste Schritt würde sein „either an ultimatum with time limit or an immediate declaration of war"[54]. Die Erklärung selbst enthielt die Versicherung, die britische Regierung werde ohne Zögern ihre Verpflichtungen gegenüber Polen erfüllen, falls nicht die aggressiven Maßnahmen gegen Polen eingestellt würden[55].

---

[49] *Rönnefarth-Euler*, a.a.O., Bd. IV, S. 5; *Gebhardt-Grundmann*, a.a.O., Bd. IV, S. 21 sowie die in Anm. 46 Genannten.

[50] Wortlaut und Vorgeschichte des Beistandsabkommens bei *Rönnefarth-Euler*, a.a.O., Bd. IV, S. 180.

[51] *Gebhardt-Grundmann*, a.a.O., Bd. IV, S. 257.

[52] *Dahms*, Geschichte des zweiten Weltkrieges, S. 51.

[53] Telegramm Halifax' um 16.45 Uhr in: Documents concerning German Polish Relations and the Outbreak of Hostilities between Great Britain and Germany on September 3, 1939, Command Paper 6106, S. 168; so auch die Rede Chamberlains vor dem britischen Unterhaus am 2. September 1939: „a warning message", Cmd. 6106, S. 172.

[54] Cmd. 6106, S. 168.

[55] Telegramm vom 1. September 1939, 17.45 Uhr, Cmd. 6106, S. 168.

Eine Erklärung gleichen Inhalts ließ der französische Außenminister Bonnet durch den Botschafter Robert Coulondre um 22.00 Uhr dem deutschen Außenminister von Ribbentrop überreichen[56]. Beine Noten blieben unbeantwortet.

Daraufhin sandte Halifax am 3. September 1939 um 5.00 Uhr morgens ein Telegramm[57], in dem er Henderson beauftragte, am selben Tage um 9.00 Uhr eine Erklärung zu überreichen, in der daran erinnert wurde, daß die britische Regierung der deutschen Regierung am 1. September eine Note übermittelt habe, in der sie bestimmte Zusicherungen hinsichtlich des Verhaltens gegenüber Polen verlangt habe. „Although this communication was made more than twenty-four hours ago, no reply has been received but German attacks upon Poland have been continued and intensified. I have accordingly the honour to inform you that, unless not later than 11 A. M. British Summer Time, today 3rd September, satisfactory assurances to the above effect have been given by the German Government and have reached His Majesty's Government in London, a state of war will exist between the two countries as from that hour[58]."

Halifax teilte weiter mit, daß er — falls nicht Henderson bis 11.00 Uhr vom Erfolg seiner Mission berichtet habe — den deutschen Vertreter in London informieren werde „that a state of war exists as from that hour"[59]. Eine entsprechende Erklärung wurde dann wie angekündigt um 11.20 Uhr dem deutschen Geschäftsträger in London, Theodor Kordt, überreicht[60].

(b) Die französische Note

Um 12.00 Uhr desselben Tages überreichte der französische diplomatische Vertreter Coulondre in der Wilhelmstraße eine Note, deren Erklärungen mit den britischen gleichbedeutend waren, lediglich die Frist war bis 17.00 Uhr hinausgezogen[61].

(c) Die Beurteilung der beiden Noten

Die Henderson um 11.20 Uhr durch Ribbentrop überreichte deutsche Ablehnung begann mit den Worten: „Die deutsche Regierung hat das

---

[56] Text des französischen Memorandums abgedruckt bei *Schlüter,* Der Ausbruch des Krieges, Zeitschrift für ausländisches öffentliches Recht und Völkerrecht X (1940/41), S. 249.

[57] Cmd. 6106, S. 175 ff.

[58] Cmd. 6106, S. 175.

[59] Cmd. 6106, S. 175.

[60] *Rönnefarth-Euler,* a.a.O., Bd. IV, S. 183.

[61] Wortlaut des französischen Ultimatums bei *Hofer,* Die Entfesselung des zweiten Weltkriegs, S. 333.

Ultimatum der britischen Regierung vom 3. September 1939 erhalten[62]."
Die Noten der britischen und französischen Regierung vom 3. September
1939 stellten eben jene Form der völkerrechtlichen Erklärung dar, die im
Haager Abkommen als „ultimatum avec déclaration de guerre conditio-
nelle" erwähnt wird, und die deshalb zu Recht allgemein als Ultimatum
bezeichnet werden.

b) Das Ultimatum
als Erklärung mit Forderung, Fristsetzung und Drohung

Neben dem soeben behandelten Typus völkerrechtlicher Erklärungen
stehen jene Erklärungen, die von der sog. Mittelmeinung mit dem Begriff Ultimatum bezeichnet werden. Auch dieser Sprachgebrauch findet
eine hinreichende Bestätigung in der völkerrechtlichen Praxis. Bei der
Untersuchung der entsprechenden Beispiele soll mit den geschichtlich
jüngsten Erklärungen begonnen werden.

1. Die sowjetische Berlin-Erklärung vom 27. November 1958

(a) Der Wortlaut der Erklärung

Zeitlich und der politischen Bedeutung nach ist an erster Stelle die
allgemein als Berlin-Ultimatum bezeichnete Note der Sowjet-Regierung
an die Westmächte vom 27. November 1958 zu nennen[63]. Die Note legt
zu Beginn in einem kurzen Abriß die geschichtliche Entwicklung der
Beziehung zwischen Ost und West seit dem zweiten Weltkrieg dar, so
wie sie sich aus sowjetischer Sicht darbietet[64]. Breiter Raum wird der
politischen Entwicklung im östlichen und westlichen Teil Deutschlands
gewidmet. Die Note geht dann auf die besondere Situation Berlins ein[65].

Auch in Bezug auf Berlin steht am Anfang ein kurzer geschichtlicher
Abriß. Sodann heißt es in der Note wörtlich[66]: „In diesem Zusammen-
hange setzt die Regierung der UdSSR die Regierung der USA davon in
Kenntnis, daß die Sowjet-Union als ungültig geworden betrachtet das
‚Protokoll des Abkommens zwischen den Regierungen der Union der

---

[62] Text der deutschen Erklärung bei *Hofer*, a.a.O., S. 319; Halifax selbst
hatte in seinem voraufgegangenen Telegramm an Henderson von einem Ultimatum gesprochen, Cmd. 6106, S. 168.
[63] Die Note ist im russischen Urtext abgedruckt im sowjetischen Partei-
organ „Prawda" vom 28. November 1958. Die Note an die USA, die mit den
Noten an die anderen Westmächte gleichlautend ist, findet sich in deutscher
Übersetzung in Internationales Recht und Diplomatie 1959, S. 574 ff.
[64] IRuD 1959, S. 575 ff.
[65] IRuD 1959, S. 582 ff.
[66] IRuD 1959, S. 582.

Sozialistischen Sowjet-Republiken, der Vereinigten Staaten von Amerika und des Vereinigten Königreichs über die Besatzungszonen Deutschlands und über die Verwaltung Groß-Berlins' vom 12. September 1944 und die mit ihm verbundenen Zusatzabkommen einschließlich des zwischen den Regierungen der UdSSR, der USA, Großbritanniens und Frankreichs getroffenen Abkommens vom 1. Mai 1945 über den Kontrollmechanismus in Deutschland, d. h. die Abkommen, deren Wirksamkeit für die ersten Jahre nach der Kapitulation Deutschlands berechnet waren." Nach Auffassung der sowjetischen Regierung liegt darin nur eine Feststellung der bereits bestehenden Lage. Die UdSSR kündigt deshalb an, die ihr aufgrund der vorerwähnten Abkommen zugefallenen Funktionen auf die Pankow-Regierung übertragen zu wollen[67].

Sie fordert für Berlin eine selbständige Lösung, die in der Bildung einer sog. entmilitarisierten freien Stadt bestehen soll[68]. Dazu wird in der Note erklärt[69]: „Sollte dieser Vorschlag für die USA-Regierung nicht annehmbar sein, so bleibt kein Gegenstand für Verhandlungen zwischen den ehemaligen Besatzungsmächten in der Berliner Frage übrig." Die zur Durchführung ihrer Pläne erforderliche Zeit wird von der Regierung der Sowjet-Union genau bemessen[70]: „In Anbetracht dessen gedenkt die Sowjet-Regierung im Laufe eines halben Jahres keine Änderungen in dem gegenwärtig geltenden Modus der Militärtransporte der USA, Großbritanniens und Frankreichs aus Westberlin in die Bundesrepublik vorzunehmen. Sie hält diese Frist für durchaus hinreichend, um eine gesunde Basis für die Lösung der Fragen zu finden, die mit der Änderung der Lage Berlins verbunden sind, und eventuelle Komplikationen zu vermeiden — falls die Regierungen der Westmächte natürlich nicht derartige Komplikationen absichtlich anstreben werden. Im Laufe der erwähnten Frist werden die Seiten die Möglichkeit haben, bei der Regelung der Berlin-Frage ihr Streben nach einer internationalen Entspannung durch die Tat zu beweisen.

Wird die erwähnte Frist jedoch nicht dazu ausgenutzt, um zu einer entsprechenden Einigung zu gelangen,, so wird die Sowjet-Union durch Übereinkommen mit der DDR die geplanten Maßnahmen durchführen. Hierbei wird in Betracht gezogen, daß die Deutsche Demokratische Republik wie jeder andere selbständige Staat voll und ganz für die Fragen zuständig sein muß, die ihren Raum betreffen, d. h. ihr Hoheitsrecht zu Lande, zu Wasser und in der Luft ausüben muß. Gleichzeitig damit

---

[67] IRuD 1959, S. 583.
[68] IRuD 1959, S. 584.
[69] IRuD 1959, S. 586.
[70] IRuD 1959, S. 586 ff.

werden alle bisherigen Kontakte von Vertretern der Streitkräfte und anderen offiziellen Personen der USA sowie Großbritanniens und Frankreichs in Fragen, die Berlin betreffen, eingestellt werden."

Es folgen dann im Abschlußteil der Note noch einige für ein diplomatisches Dokument recht ungewöhnliche Formulierungen, die allen, die sich den sowjetischen Vorschlägen mit Gewaltandrohungen widersetzen sollten, als Wahnsinnigen Zwangsjacken in Aussicht stellen[71].

(b) Die Pressekonferenz Chruschtschows

Ebenfalls am 27. November 1958 hielt der sowjetische Ministerpräsident Chruschtschow im Kreml eine Pressekonferenz[72], die zum Verständnis der sowjetischen Note von Bedeutung ist, da die Äußerungen Chruschtschows zur Interpretation der sowjetischen Note herangezogen werden können.

Auf Fragen des Prawda-Korrespondenten Naumov und des UPI-Korrespondenten Shapiro[73] antwortete Chruschtschow, daß man sich entschlossen habe, einen chirurgischen Eingriff vorzunehmen und den Besatzungsstatus Berlins aufzuheben, daß aber im Verlauf der kommenden sechs Monate die Sowjets die entstandenen Verhältnisse nicht ändern würden[74]. Wichtig ist auch die Entgegnung des sowjetischen Ministerpräsidenten auf die Frage des Vertreters der New York Times, Fraenkel, ob die sowjetische Regierung an der Prüfung anderer Vorschläge für eine Berlin-Lösung nicht interessiert sei[75]: „Sehen Sie mal, das hängt davon ab, womit die USA nicht einverstanden sein werden. Werden sie die in unserem Dokument aufgeworfenen Fragen in ihrer Gesamtheit ablehnen, so wird tatsächlich kein Gegenstand für Unterredungen über die Berliner Frage bleiben. Sollte aber eine Präzisierung und Erörterung unserer Vorschläge erforderlich sein, so ist das meiner Ansicht nach durchaus zulässig und notwendig. Daher werfen wir die Frage nicht ultimativ auf, sondern wir schlagen eine sechsmonatige Frist zu ihrer allseitigen Erörterung, für Zusammenkünfte mit Vertretern der Westmächte vor, um die Vorschläge der Sowjet-Regierung zu prüfen, falls die Westmächte Bereitschaft zur Prüfung dieser Frage zeigen werden."

---

[71] IRuD 1959, S. 587.
[72] Russ. Wortlaut: „Prawda" vom 28. November 1958; dt. Übersetzung in IRuD 1959, S. 616 ff.
[73] IRuD 1959, S. 617.
[74] IRuD 1959, S. 618.
[75] IRuD 1959, S. 622.

Unbeantwortet blieb die Frage des New York Herald Tribune-Korrespondenten, Lambert[76], ob die sowjetische Note die Kündigung des Potsdamer Abkommens darstelle.

(c) Die Stellungnahme zu der Sowjet-Note

(1) Der westliche Standpunkt

Die Note der Sowjet-Regierung wurde in der Antwortnote der USA vom 31. Dezember 1958[77] als Ultimatum bezeichnet. Die Vereinigten Staaten erklärten[78]: „Die öffentliche Aufkündigung feierlicher Vereinbarungen, die formell eingegangen und wiederholt bekräftigt wurden, zusammen mit einem Ultimatum, das mit einseitigen Maßnahmen zur Verwirklichung dieser Aufkündigung droht, sofern ihm nicht innerhalb von sechs Monaten entsprochen wird, würde keine vernünftige Grundlage für Verhandlungen zwischen souveränen Staaten abgeben. Die Regierung der Vereinigten Staaten könnte Besprechungen mit der Sowjet-Union über diese Fragen unter einer Drohung oder unter einem Ultimatum nicht aufnehmen[79]."

Der soeben angeführten Auffassung westlicher offizieller Kreise entspricht die Haltung der öffentlichen Meinung, die den sowjetischen Schritt ebenfalls als Ultimatum auffaßt. So beginnt die Titelglosse einer der großen deutschen Tageszeitungen mit dem Satz „Der Kreml hat uns ein Ultimatum geschickt"[80].

Dieselbe Auffassung vertraten in Leitartikeln die New York Times[81] und die Neue Zürcher Zeitung[82]. Auch nichtamtliche politische Kreise,

---

[76] IRuD 1959, S. 627.

[77] dpa-Meldung vom 31. Dezember 1958; Wortlaut der Note in IRuD 1959, S. 637 ff.

[78] IRuD 1959, S. 639.

[79] Inhaltlich gleiche Noten wurden von den anderen Westmächten der Sowjet-Regierung überreicht. Auszüge aus der britischen Note finden sich in der „Frankfurter Allgemeine" vom 2. Januar 1959. In der Note der Bundesregierung vom 5. Januar 1959, abgedruckt im Bulletin des Presse- und Informationsamtes der Bundesregierung 1959, S. 17 ff., heißt es u. a. (a.a.O., S. 20): „Die Bundesregierung ist davon überzeugt, daß nur eine offene, vorbehaltlose Aussprache, die nicht durch ultimative Forderungen oder auch einseitige Aufkündigung bindender Abmachungen belastet werden darf, zu einer Lösung der genannten Fragen führen kann". Ebenso äußerte sich der französische Staatspräsident de Gaulle auf einer Pressekonferenz vom 25. März 1959, IRuD 1959, S. 738.

[80] FAZ vom 28. November 1958. Ausführlich nimmt der Leitartikel der „Welt" vom 29. November 1958 zur Frage des Ultimatums Stellung und bejaht das Vorliegen eines Ultimatums.

[81] Zitiert in der Spalte „Stimmen der Anderen", FAZ vom 29. November 1958.

[82] „Stimmen der Anderen", FAZ vom 1. Dezember 1958.

z. B. in den Vereinigten Staaten waren der Meinung, die sowjetische Note stelle ein Ultimatum dar[83].

Von offizieller Seite war dieser Standpunkt bereits vor Überreichung der westlichen Noten vom 31. Dezember 1958 auf einer gemeinsamen Besprechung der westlichen Außenminister in Paris vertreten worden. Die Außenminister hatten einmütig erklärt, nicht unter dem Druck eines sowjetischen Ultimatums verhandeln zu wollen[84].

Aus alledem ist zu entnehmen, daß die sowjetische Berlin-Note vom 27. November 1958 sowohl offiziell von den Empfänger-Staaten als auch von der öffentlichen Meinung der beteiligten sowie neutraler Staaten als Ultimatum angesehen wurde.

(2) Die sowjetische Argumentation

Das Vorliegen eines Ultimatums wurde von sowjetischer Seite bestritten. Chruschtschow erklärte vor der soeben erwähnten Pressekonferenz, also am selben Tage, an dem die Note überreicht wurde und noch ehe überhaupt eine westliche Stellungnahme möglich war, daß man absichtlich keine ultimative Lösung suche[85].

Nachdem die Sowjet-Union auf die feste Haltung der Westmächte mit neuen Noten vom 2. März 1959[86] — dieses Mal ohne Fristsetzung — reagiert hatte, konnte Chruschtschow dem „Welt"-Korrespondenten Schewe auf einer Pressekonferenz am 19. März 1959 anworten[87]: „Wenn Sie diese Frage stellen, befinden Sie, Herr Journalist, sich offenbar unter dem Einfluß einer Propaganda, die unseren Standpunkt geflissentlich verzerrt und behauptet, wir hätten in unseren Noten ein Ultimatum gestellt und sogar den Zeitpunkt des Ablaufs dieses Ultimatums festgesetzt. Das ist eine ungewissenhafte Auslegung unseres Standpunktes. Wir haben den Vorschlag gemacht, einen Friedensvertrag mit Deutschland zu schließen und das Besatzungsregime in Westberlin aufzuheben." Auf die Frage des Korrespondenten der „Neuen Zeit", Bereshkow, ob die Verschiebung der Fristen ein Ergebnis der Festigkeit des Westens sei, erhielt er von Chruschtschow die Antwort[88]: „Wie bereits erklärt, sind keinerlei ultimative Fristen gestellt worden."

---

[83] Meldung aus New York, FAZ vom 11. Dezember 1958.

[84] FAZ vom 15. Dezember 1958.

[85] Vgl. Abschn. B IV b 1 (b).

[86] TASS-Meldung vom 2. März 1959; deutscher Text in IRuD 1959, S. 682 ff.

[87] TASS-Meldung vom 19./20. März 1959, deutsche Übersetzung IRuD 1959, S. 723 ff. Schewe hatte gefragt, ob die UdSSR bereit sei, irgendwelche Aktionen bis zu einer Gipfelkonferenz aufzuschieben. IRuD 1959, S. 727.

[88] IRuD 1959, S. 734.

Schließlich wies der sowjetische Außenminister Gromyko auf der Außenministerkonferenz in Genf darauf hin, daß auch die in dem westlichen Friedensplan vorgesehene begrenzte Arbeitsdauer für einen gesamtdeutschen Ausschuß als ein Ultimatum aufgefaßt werden könne[89].

(3) Vergleich der verschiedenen Auffassungen mit der völkerrechtlichen Terminologie

Die sowjetischen Äußerungen von dem chirurgischen Eingriff, das ostentative Bestreiten eines Ultimatums durch Chruschtschow schon am 27. November 1958, der Hinweis Gromykos in Genf, alles das läßt darauf schließen, daß die sowjetische Seite sich der Einseitigkeit und Willkürlichkeit ihres Vorgehens durchaus bewußt war und es zumindest für möglich hielt, ihre Note als Ultimatum zu bezeichnen. Trotz aller nachfolgenden Dementis trug die ursprüngliche sowjetische Note vom 27. November 1958 folgende Merkmale: Die UdSSR stellte bestimmte Forderungen: sie wünschte die Durchführung bestimmter Maßnahmen, die sie vielleicht in technischen Details, nicht aber als grundsätzliche Frage zur Diskussion zu stellen bereit war[90]. Den Zeitraum zur Annahme ihrer grundsätzlichen Forderung befristete die UdSSR auf sechs Monate. Für den Fall der Nichtannahme dieser Forderung kündigte sie einseitige Maßnahmen an, z. B. die Übertragung bestimmter Funktionen auf das Regime in Ostberlin.

Damit sind alle Merkmale jener Erklärungen gegeben, die die sog. Mittelmeinung als Ultimatum bezeichnet: Aufforderung zu einem bestimmten Verhalten, Fristsetzung und Ankündigung einseitiger Maßnahmen für den Ablehnungsfall. Der Bewertung der sowjetischen Note als Ultimatum steht nicht entgegen, daß es sich um eine relativ lange, nämlich sechsmonatige Frist handelt, die nach sowjetischer Auffassung keine ultimative Fristsetzung bedeutet[91]. Entscheidend ist die Fristsetzung, die Länge der Frist selbst bildet kein wesentliches Kriterium: auch eine etwa von dem Erklärenden gesetzte mehrjährige Frist, die jedoch in der völkerrechtlichen Praxis kaum vorkommen wird, würde den Empfänger der Erklärung dem Druck aussetzen, innerhalb einer festgesetzten Zeit eine bestimmte Entscheidung treffen zu müssen, nämlich diejenige, ob er die Forderung erfüllen will oder ob er sich der Möglichkeit aussetzen will, die angedrohten Folgen in Kauf nehmen zu müssen.

Es ist daneben auch nicht erforderlich, daß die angekündigten Maßnahmen abstrakt betrachtet ein empfindliches Übel für den Erklärungs-

---

[89] FAZ vom 13. Juni 1959.
[90] vgl. oben Abschn. B IV b 1 (b).
[91] Vgl. oben Abschn. B IV b 1 (b).

empfänger darstellen[92]. Entscheidend ist vielmehr, daß durch die Verknüpfung dieser beiden Punkte der Erklärungsempfänger zu einem Entschluß innerhalb der gesetzten Frist gezwungen werden und so einen Teil seiner Entscheidungsfreiheit verlieren soll.

Die Bezeichnung der sowjetischen Note als Ultimatum stützte sich auch gerade auf die soeben gekennzeichneten Merkmale und nicht etwa auf das „letzte Wort" der Sowjet-Union in der Frage der von den vier Siegermächten im Hinblick auf Berlin und Deutschland geschlossenen Abkommen, obwohl auch dieser Punkt als völkerrechtswidriges Vorgehen hervorgehoben wurde[93].

Im Zusammenhang mit dem Begriff des Ultimatums werden dagegen überall die Fristsetzung und die sowjetische Drohung mit einem einseitigen Vorgehen besonders betont[94].

Die Verwendung der Bezeichnung Ultimatum für die sowjetische Berlin-Note vom 27. November 1958 beruht folglich auf denselben Merkmalen, die auch die im ersten Teil dargestellte Mittelmeinung veranlassen, den Begriff Ultimatum zu verwenden.

2. Die Genfer Erklärung Gromykos

Am 10. Juni 1959 machte der sowjetische Außenminister im Rahmen einer offiziellen Konferenzerklärung[95] zur Lösung der Deutschland- und Berlin-Frage folgende Ausführungen[96]: „Die UdSSR nimmt Rücksicht auf den Standpunkt der Westmächte und ist bereit, nicht mehr auf der sofortigen und vollständigen Beseitigung des Besatzungsregimes in

---

[92] *Asbeck*, a.a.O., S. 26, weist deshalb zutreffend darauf hin, daß die Drohung nichts unmittelbar Nachteiliges zu bedeuten brauche. Die Äußerung Chruschtschows in seiner Rede vom 19. Juni 1959, IRuD 1960, S. 434 geht am Kern des Problems vorbei. Er hatte gesagt, man müsse zugeben, daß die Drohung mit dem Abschluß eines Friedensvertrages eine recht merkwürdige Drohung sei. Dazu ist zu sagen, daß einmal die bloße Ankündigung einseitiger Maßnahmen im Rahmen eines Ultimatums ausreichend ist, und daß zum andern die konkreten Ankündigungen der Sowjet-Note in der gegebenen politischen und völkerrechtlichen Situation für den Westen tatsächlich ein empfindliches Übel darstellten.

[93] Berlin- Memorandum des US-State Department vom 20. Dezember 1958, IRuD 1959, S. 314 ff.

[94] Vgl. die amerikanische Note an die UdSSR vom 31. Dezember 1958, IRuD 1959, S. 639; Eisenhower in seiner Rundfunk- und Fernsehansprache vom 16. März 1959, IRuD 1959, S. 709; Leitartikel der FAZ vom 2. Dezember 1958; Neue Zürcher Zeitung, vgl. Anm. 82; Erklärung des amerikanischen Außenministers Christian A. Herter in Genf am 12. Juni 1959, IRuD 1960, S. 359; ebenso der französische Außenminister Couve de Murville, IRuD 1960, S. 363.

[95] Deutsche Übersetzung des Gesamtwortlauts der Erklärung in IRuD 1960, S. 352 ff.

[96] IRuD 1960, S. 353.

Westberlin zu bestehen. Die Sowjet-Union wäre unter Umständen mit der provisorischen Aufrechterhaltung gewisser Besatzungsrechte der Westmächte in Westberlin einverstanden, aber nur unter der Bedingung, daß dieser Zustand lediglich für einen genau bestimmten Zeitraum, nämlich für ein Jahr bestehen bleibt." Es folgen dann wiederum eine Reihe von Vorschlägen, z. B. Bildung eines paritätischen gesamtdeutschen Ausschusses zur Lösung der Friedensvertrags- und der Wiedervereinigungsfrage. Die Anerkennung der provisorischen Besatzungsrechte wird jedoch von einer Verringerung der Streitkräfte in Westberlin, der Verpflichtung, keine Atom- und Raketenstützpunkte in Berlin anzulegen, und anderen westlichen Zugeständnissen abhängig gemacht[97]. Gromyko fährt dann fort[98]: „Die sowjetische Delegation muß dazu erklären, daß, wenn die Westmächte nicht darauf eingehen sollten, bezüglich Westberlins die erwähnten Mindestmaßnahmen für die Übergangszeit von einem Jahr zu treffen, die Sowjet-Union ihre Zusage hinsichtlich der Beibehaltung des Besatzungsregimes in Westberlin zurücknehmen muß. Sollten die Westmächte oder die Regierung Westdeutschlands verhindern, daß es innerhalb dieser Frist zu gemeinsamen Beschlüssen über den Abschluß eines Friedensvertrages kommt, so würde sich die Sowjet-Union, ebenso wie die anderen betroffenen Staaten, die gegen Deutschland gekämpft haben, genötigt sehen, einen Friedensvertrag mit der Deutschen Demokratischen Republik zu unterzeichnen."

Diese neue sowjetische Erklärung wurde gleichfalls als Ultimatum angesehen, und zwar mit derselben Begründung, die schon bei der sowjetischen Note vom 27. November 1958 gegeben worden war[99].

Auch hierin sind die drei Elemente Forderung, Fristsetzung und Drohung enthalten, von denen wiederum die beiden letzten für die Bewertung und Bezeichnung der sowjetischen Erklärung als Ultimatum in offiziellen[100] und nichtamtlichen[101] Kreisen entscheidend sind. Ähnlich wie bei der November-Note bestritt die sowjetische Seite auch bei der Gromyko-Erklärung, daß darin ein Ultimatum liege. „Sie (d. h. die West-

---

[97] IRuD 1960, S. 353 f.

[98] IRuD 1960, S. 354.

[99] Herter, IRuD 1960, S. 359 und Couve de Murville, IRuD 1960, S. 363, erklärten, daß die neuen Pläne der UdSSR wiederum dieselben Elemente enthielten, wie die Note vom 27. November 1958 und daß der neue Vorschlag wiederum mit Drohnung und Fristsetzung versehen sei. So auch die Unterhauserklärung des britischen Außenministers Selwyn Lloyd vom 24. Juni 1959, IRuD 1960, S. 436 ff.; vgl. auch die Genfer Meldung der FAZ vom 11. Juni 1959 und die Titelglosse der FAZ vom selben Tage.

[100] Vgl. besonders die in Anm. 99 erwähnten Erklärungen der westlichen Außenminister.

[101] Am 12. Juni 1959 berichtete die FAZ über die Beurteilung des „Gromyko-Ultimatums" in politischen Kreisen Washingtons.

mächte; d. Verf.) stellen sie als eine Art von Ultimatum hin und sprechen sogar von einem ‚Diktat' seitens der Sowjet-Union[102]."

Wie schon bei der Berlin-Note vom November 1958 ist davon auszugehen, daß die sowjetische Stellungnahme überwiegend aus Propagandagesichtspunkten erfolgte. Abschließend ist zu sagen, daß auch die Genfer Vorschläge Gromykos vom 10. Juni 1959 in Übereinstimmung mit der Mittelmeinung als Ultimatum bezeichnet worden sind. An dieser Bewertung ändert sich nichts dadurch, daß die UdSSR ebenso wie schon bei der Note vom 27. November 1958 die Fristsetzung später entfallen ließ[103].

Am 21. Juni 1959 erklärte Gromyko gegenüber Pressevertretern in Genf, daß Moskau keine einseitigen Aktionen plane und daß jede Fristsetzung Gegenstand von Verhandlungen sein könne[104]. In dem sowjetischen Vorschlag vom 19. Juni 1959 wird dazu ausgeführt[105]: „Die Frage der Gültigkeitsdauer einer solchen Vereinbarung[106] ist für uns weder eine Haupt- noch eine Grundsatzfrage." Und weiter: „Wenn die von der sowjetischen Regierung genannte Laufzeit von einem Jahr die Westmächte nicht zufriedenstellt, so kann man sich über einen anderen Zeitraum einigen, der für alle interessierten Parteien annehmbar ist." Der Fristsetzung wird schließlich alle Bedeutung genommen, indem die sowjetische Note vom 19. Juni 1959 eine neue Konferenz vorschlägt, falls innerhalb der vereinbarten Frist keine Einigung erzielt werde[107].

Die spätere sowjetische Haltung, die die Fristsetzung und die Drohung entfallen ließ, kann nicht diese ursprünglich vorhandenen Merkmale rückwirkend beseitigen[108]. Sie waren in der Gromyko-Erklärung enthalten und konnten deshalb zu Recht die Grundlage für die Bezeichnung der Erklärung als Ultimatum abgeben.

---

[102] Chruschtschow-Erklärung in Moskau am 19. Juni 1959 anläßlich des Besuches einer Delegation aus Mitteldeutschland, IRuD 1960, S. 432.

[103] Am 19. Juni 1959 wird den Westmächten ein neuer Vorschlag (Wortlaut IRuD 1960, S. 367 ff.) überreicht, der ebenso wie die Chruschtschow-Rede vom selben Tage (IRuD 1960, S. 429 ff.) keinerlei Fristen mehr enthält. Auch in späteren Noten — vgl. z. B. die Note an die USA vom 7. August 1961, Europa-Archiv 16 (1961/62), Zeittafel und Dokumente, S. 506 ff. — tauchte eine Frist nicht mehr auf.

[104] Genfer Bericht der FAZ vom 22. Juni 1969.

[105] IRuD 1960, S. 368.

[106] Darunter ist ein Interims-Abkommen für die Zeit bis zur endgültigen Lösung zu verstehen.

[107] IRuD 1960, S. 368.

[108] Zur Frage der Rücknehmbarkeit eines Ultimatums vgl. unten Abschn. C III e.

3. Die britisch-französischen Noten an Israel und Ägypten vom 30. Oktober 1956

(a) Der Wortlaut der Noten

Am 29. Oktober 1956 hatte Israel zur Durchführung eines Präventiv-Krieges gegen seine arabischen Nachbarn die Feindseligkeiten gegen Ägypten eröffnet[109]. Am 30. Oktober 1956 gab der britische Premier-Minister Eden vor dem Unterhaus in London eine Erklärung zum Nah-ost-Konflikt ab[110], deren hier interessierender Teil folgenden Wortlaut hatte[111]: „Inzwischen haben die Regierungen Großbritanniens und Frankreichs jetzt als Ergebnis der heute in London geführten Beratungen dringende Botschaften an die Regierungen Israels und Ägyptens gerichtet. In ihnen haben wir beide Parteien aufgefordert, sofort alle kriegerischen Handlungen zu Lande, zur See und in der Luft einzustellen und ihre militärischen Streitkräfte auf eine Entfernung von 10 Meilen vom Kanal zurückzuziehen.

Ferner haben wir, um die kriegführenden Parteien voneinander zu trennen und die Freiheit der Durchfahrt durch den Kanal für die Schiffe aller Nationen zu gewährleisten, die ägyptische Regierung aufgefordert, sich damit einverstanden zu erklären, daß britisch-französische Streit-kräfte zeitweilig — ich wiederhole: zeitweilig — Schlüsselpositionen in Port Said, Ismailia und Suez beziehen. Die Regierungen Israels und Ägyptens sind aufgefordert worden, diese Botschaften innerhalb von 12 Stunden zu beantworten. Es ist ihnen gegenüber eindeutig erklärt worden, daß, falls einer oder beide Staaten nach Ablauf dieser Frist nicht die Zusicherung gegeben haben, diese Forderungen zu erfüllen, britische und französische Streitkräfte in einer zur Gewährleistung der Erfüllung dieser Forderungen erforderlichen Stärke intervenieren werden[112]."

b) Die Beurteilung der Noten

In den Noten Englands und Frankreichs finden sich die bereits in der sowjetischen Berlin-Note und der Genfer Gromyko-Erklärung enthaltenen wesentlichen Merkmale wieder: Aufforderung zu einem bestimm-

---

[109] Vorgeschichte bei *Rönnefarth-Euler*, a.a.O., Bd. IV, S. 542 ff.

[110] Der Wortlaut der Erklärung findet sich unter der Überschrift „Bekanntgabe des britisch-französischen Ultimatums an Ägypten" in Europa-Archiv 11 (1956), S. 9442 ff. Von einem Ultimatum sprechen auch *Rönnefarth-Euler*, a.a.O., Bd. IV, S. 543; *Bowett*, a.a.O., S. 15.

[111] Europa-Archiv 11 (1956), S. 9443.

[112] Der französische Ministerpräsident gab am selben Tage vor der Nationalversammlung in Paris eine inhaltlich gleiche Erklärung ab, vgl. *Rönnefarth-Euler*, a.a.O., Bd. IV, S. 544, Anm. 1.

ten Verhalten (Räumung der Kanalzone, Einräumung strategisch wichtiger Punkte) innerhalb einer zwölfstündigen Frist und die Ankündigung einseitiger Maßnahmen (militärische Intervention) für den Fall der Nichterfüllung dieser Forderung.

Auch in Bezug auf die britisch-französischen Erklärungen an Israel und Ägypten wurde — soweit in Stellungnahmen die Frage des Rechtscharakters der Noten berührt wurde — die Terminologie der Mittelmeinung verwendet.

So erklärte der ägyptische Regierungschef Nasser dem britischen Botschafter in Kairo, das Ultimatum Großbritanniens sei unter keinen Umständen annehmbar[113].

Die Auffassung, daß die anglo-französische Note ein Ultimatum darstelle, vertrat auch der kanadische Außenminister Pearson in einer Pressekonferenz in Ottawa[114], ebenso reagierten u. a. indische Regierungskreise[115].

Die Weltpresse vertrat praktisch einhellig die Meinung, an Ägypten und Israel sei ein Ultimatum gerichtet worden: diese Auffassung teilten führende englische Zeitungen, etwa der Manchester Guardian und der Daily Telegraph[116], wie auch bedeutende amerikanische[117] und französische[118] Blätter bis hin zu indischen[119] und deutschen Tageszeitungen[120].

c) Die sowjetische Stellungnahme

Der sowjetischen Haltung zu dem diplomatischen Schritt Großbritanniens und Frankreichs kommt eine besondere Bedeutung insofern zu, als die britisch-französischen Noten an Israel und Ägypten dieselben Merk-

---

[113] „Die Welt" vom 31. Oktober 1956, Bericht aus Kairo.

[114] FAZ vom 1. November 1956, Bericht aus Ottawa.

[115] FAZ vom 1. November 1956, Bericht aus New Delhi.

[116] Beide zitiert im Pressespiegel „Blick in die Weltpresse" der „Welt" vom 1. November 1956. Wichtig für die englische Beurteilung ist auch noch der zur Encyclopaedia Britannica erscheinende Zusatzband Britannica — Book of the Year, in dem es für das Jahr 1957, S. 157, heißt: „On Oct. 30 Britain and France addressed an ultimatum to both sides calling on them to cease all warlike operations . . .".

[117] Washington Post, zitiert im Pressespiegel der „Welt" vom 1. November 1956; New York Herald Tribune, zitiert in „Stimmen der Anderen", FAZ vom 1. November 1956.

[118] Franc Tireur, zitiert im Pressespiegel der „Welt" vom 1. November 1956.

[119] Times of India, zitiert im Pressespiegel der „Welt" vom 2. November 1956.

[120] FAZ vom 1. November 1956; „Die Welt" vom 31. Oktober und 1. November 1956.

male enthalten wie die sowjetische Berlin-Note vom November 1958. Zwar geht der Brief des sowjetischen Ministerpräsidenten Bulganin an die Ministerpräsidenten Eden, Mollet und Ben Gurion vom 5. November 1956[121] weniger auf den diplomatischen Schritt Englands und Frankreichs als auf ihre militärischen Maßnahmen ein, ein Leitartikel des sowjetischen Regierungsorgans „Isvestija"[122] spricht jedoch von einem Ultimatum Englands und Frankreichs. Daraus läßt sich schließen, daß die sowjetische Einstellung zu diesem Problemkreis im Grunde dieselbe ist, die auch in westlichen Kreisen dazu vertreten wird. Wie bereits angedeutet, entsprang die in den Erklärungen Chruschtschows und Gromykos erscheinende Ansicht zu der Berlin-Note[123] wohl mehr weltpolitischen als völkerrechtlichen Erwägungen[124].

d) Der Charakter der britisch-französischen Drohung

Bedenken könnten sich gegen die Einordnung der britisch-französischen Noten in die Reihe der von der Mittelmeinung als Ultimatum bezeichneten Erklärungen deshalb ergeben, weil der Ablehnung der britisch-französischen Forderung durch Ägypten[125] der Einsatz von Streitkräften beider Länder gegen Ägypten und Luftangriffe auf ägyptisches Territorium, vor allem auf Port Said, folgten. Es ließe sich deshalb die Auffassung vertreten, die an Ägypten gerichtete Botschaft habe eine bedingte Kriegserklärung enthalten und sei folglich der im ersten Kapitel dargestellten engsten Meinung zuzurechnen[126].

Die militärischen Maßnahmen Frankreichs und Englands waren, wenn man nur auf den Wortlaut der Noten abstellt — es ist von Intervention, nicht von Krieg die Rede[127] — nicht von einem animus belligerendi getragen. Den Voraussetzungen einer bedingten Kriegserklärung, die den auf Herbeiführung des Kriegszustandes gerichteten Willen eindeutig erkennen lassen muß, entsprechen die Noten Englands und Frankreichs nicht. Für die hier vertretene Auffassung, es sei 1956 in der Suez-Krise

---

[121] Deutsche Übersetzung in Europa-Archiv 11 (1956), S. 9446 ff.

[122] Zitiert im Pressespiegel der „Welt" vom 2. November 1956.

[123] Vgl. oben Abschn. B IV b 1 (b) und B IV b 1 (c) (2).

[124] Zu Recht bezeichnet „Die Welt" in ihrem Leitartikel vom 29. November 1958 ein Ultimatum zwischen Großmächten als „ungewöhnlichen und in der Diplomatie einzigartigen Vorgang". Das dürfte auch der UdSSR bewußt gewesen sein.

[125] Vgl. „Die Welt" und FAZ vom 31. Oktober 1956.

[126] Ägypten hat tatsächlich von Kriegshandlungen gesprochen, vgl. Berber, a.a.O., Bd. II, S. 90.

[127] Vgl. oben Abschn. B IV b 3 (b); zum Begriff der Intervention und zur Abgrenzung der militärischen Interventionen vom Krieg vgl. unten Abschn. C II b 2 (b) (3).

keine bedingte Kriegserklärung abgegeben worden, spricht weiter, daß die Beziehungen zwischen den beteiligten Staaten — abgesehen von Israel und Ägypten — sich normalisiert haben, ohne daß der Abschluß eines Friedensvertrages für notwendig gehalten wurde[128]. Auch die Resolution der Vollversammlung der Vereinten Nationen vom 2. November 1956[129], die mit 64 gegen 5 Stimmen bei 6 Stimmenthaltungen angenommen wurde, spricht nur von „military operations", nicht aber von Krieg.

Demnach ist die in den Noten an Ägypten enthaltene Drohung nicht als bedingte Kriegserklärung anzusehen. Es handelt sich vielmehr um eine Erklärung mit jenem Inhalt, der nach Auffassung der Mittelmeinung die Mindestvoraussetzung für die Bezeichnung Ultimatum bildet. Außer von den Vertretern der engsten Auffassung des Begriffs Ultimatum, die immer eine bedingte Kriegserklärung für erforderlich halten, wären die Noten an Israel und Ägypten vom 30. Oktober 1956 auch von den anderen Autoren als Ultimatum zu bewerten und zu bezeichnen.

4. Die sowjetischen Noten an Rumänien und die baltischen Staaten von 1940

Die nächsten Erklärungen, die es zu untersuchen gilt, sind die Noten der Sowjet-Union an Rumänien und die baltischen Staaten vom Frühsommer 1940. Zu diesem Zeitpunkt bestanden zwischen allen Beteiligten noch friedliche Beziehungen.

(a) Die Note der UdSSR an Rumänien vom 26. Juni 1940

Zunächst geht es hier um die diplomatischen Vorgänge, die der Abtretung der rumänischen Gebietsteile Bessarabien und Nord-Bukowina an die UdSSR im Sommer 1940 vorausgingen. Politiker[130], aber auch Völkerrechtslehrer[131], bezeichnen die sowjetische Note, die dem rumänischen Gesandten in der Sowjet-Union Davidescu am 26. Juni 1940 um

---

[128] *Berber*, a.a.O., Bd. II, S. 90, Anm. 2 führt aus, daß Ägypten zwar von Kriegshandlungen gesprochen habe; „es scheint aber schließlich angesichts des raschen Abbruchs dieser Aktion unter dem Druck der UN keine von beiden Seiten darauf bestanden zu haben, daß es sich um einen echten Kriegszustand handelte".

[129] United Nations Review, December 1956, S. 103. Von „kolonialem Raubkrieg" spricht Bulganin in seinem bereits zitierten Brief (Europa-Archiv 11 (1956), S. 9446 f.). Dabei handelt es sich jedoch nicht um eine völkerrechtliche Terminologie, eine solche dürfte auch kaum von Bulganin beabsichtigt gewesen sein.

[130] So *Gafencu* (rumänischer Außenminister von November 1939 bis Mai 1940) in seinem Buch „Vorspiel zum Krieg im Osten", S. 386.

[131] *Makarov*, Die Eingliederung Bessarabiens und der Nord-Bukowina in die Sowjet-Union, ZaöRVR X (1940/41), S. 336.

23.00 Uhr in Moskau überreicht wurde[132], übereinstimmend als Ultimatum[133]. In dieser ersten Note[134] forderte die Sowjet-Union die Rückgabe des seit 1918 mit Rumänien vereinigten Bessarabiens sowie die Übergabe der Nord-Bukowina, die geschichtlich und ethnisch nach den Behauptungen der Note ein Teil der Sowjet-Ukraine sei.

Rumänien mußte sich innerhalb einer bestimmten Frist — nämlich längstens 25 Stunden — entscheiden. „Die Regierung der UdSSR erwartet die Antwort der Königlich Rumänischen Regierung im Laufe des 27. Juni d. J."[135].

Schließlich war in der Note, für Rumänien erkennbar[136] und von der UdSSR beabsichtigt, eine wenn auch verschlüsselte Drohung enthalten. Zur Erläuterung dieser Frage ist ein kurzer Überblick über die allgemeine militärische und politische Lage Rumäniens erforderlich.

Der Frieden von Trianon vom 4. Juni 1920[137] hatte Rumänien einerseits Siebenbürgen und weitere Gebiete Ungarns, andrerseits von Bulgarien das Gebiet von Silistra gebracht. Schon 1913 hatte Bulgarien im zweiten Balkankrieg die Dobrudscha an Rumänien abtreten müssen[138]. Weder Bulgarien noch Ungarn hatten sich mit diesen Gebietsverlusten abfinden wollen. Nach der schnellen Niederwerfung Frankreichs durch Deutschland konnten sich beide Staaten größere Hoffnungen auf eine Revision des zu Beginn des zweiten Weltkrieges bestehenden Zustandes machen.

Im Zeitpunkt der Überreichung der sowjetischen Note durch Molotow in Moskau war die Haltung Bulgariens gegenüber Rumänien zumindest ungewiß[139]. In Ungarn näherten sich Truppenverbände, die seit Beginn der europäischen Krise zusammengezogen worden waren, der rumänischen Grenze in Siebenbürgen[140]. Entlang der sowjetisch-rumänischen Grenze am Dnjestr im Norden und Nordosten hatten die Sowjets starke militärische Verbände zusammengezogen[141].

---

[132] *Gafencu*, a.a.O., S. 386.

[133] Diese Bezeichnung verwenden auch: *Rönnefarth-Euler*, a.a.O., Bd. IV, S. 190.

[134] Wortlaut der Note nach „Isvestija" vom 26. Juni 1940 bei *Makarov*, ZaöRVR X (1940/41), S. 356 ff.

[135] Bei *Makarov*, ZaöRVR X (1940/41), S. 357.

[136] Darauf weist *Gafencu*, a.a.O., S. 387 hin.

[137] Wesentlicher Inhalt des Friedensvertrages von Trianon bei *Rönnefarth-Euler*, a.a.O., Bd. IV, S. 47 ff.

[138] *Rönnefarth*, Konferenzen und Verträge (Vertrags-Ploetz) Teil II, Bd. III, S. 445.

[139] *Gafencu*, a.a.O., S. 388.

[140] *Gafencu*, a.a.O., S. 388.

[141] *Gafencu*, a.a.O., S. 388.

In dieser Lage erhalten die folgenden Sätze der sowjetischen Note, die für sich genommen vielleicht nicht als Drohung zu bewerten wären, eine besondere Bedeutung: „Jetzt, wo die militärische Schwäche der UdSSR der Vergangenheit angehört, die internationale Lage aber die schnellste Lösung der von der Vergangenheit geerbten offenen Fragen erfordert, um endlich Grundlagen eines dauernden Friedens zwischen den Ländern aufzubauen, hält die Sowjet-Union es für notwendig und zweckmäßig, im Interesse der Wiederherstellung der Gerechtigkeit zusammen mit Rumänien an die unverzügliche Lösung der Frage der Rückerstattung Bessarabiens an die Sowjet-Union heranzutreten"[142]. Noch deutlicher macht folgender Satz die Absichten der Sowjet-Union: „Die Regierung der Sowjet-Union bringt die Hoffnung zum Ausdruck, daß die Königlich-Rumänische Regierung diese Vorschläge der UdSSR annehmen und damit ermöglichen wird, auf friedlichem Wege den langjährigen Konflikt zwischen Rumänien und der UdSSR beizulegen"[143].

Die ausdrückliche Erwähnung der militärischen Stärke der Sowjet-Union und der darauf folgende Hinweis, daß die Annahme der sowjetischen Vorschläge eine friedliche Lösung des sowjetisch-rumänischen Konflikts ermöglichen würde — das alles im Lichte der sowjetischen Truppenkonzentrationen unmittelbar an der rumänischen Grenze — lassen sich von rumänischer Seite nur als Drohung mit der Anwendung militärischer Maßnahmen — nämlich der gewaltsamen Besetzung der von der UdSSR geforderten Gebiete — auffassen[144].

An dieser Drohung ändert auch eine zweite Note der UdSSR vom 27. Juni 1940 nichts, die Davidescu übergeben wurde, nachdem Rumänien am selben Tage Verhandlungen angeboten hatte[145]. In dieser Note wurden lediglich die Forderungen der Sowjet-Union genauer festgelegt und die Fristen der Note vom 26. Juni 1940 verlängert. Nach dem Inhalt der neuen Note sollten spätestens vier Tage nach dem 28. Juni 1940, nachmittags 2.00 Uhr Moskauer Zeit, Bessarabien und die Nord-Bukowina von rumänischen Truppen geräumt und von Truppen der Roten Armee besetzt sein[146]. Nach weiteren Einzelheiten heißt es: „Die Sowjet-Regierung besteht darauf, daß die Königlich-Rumänische Regierung eine

---

[142] Bei *Makarov*, ZaöRVR X (1940/41), S. 356.

[143] Bei *Makarov*, ZaöRVR X (1940/41), S. 356.

[144] Daß sie tatsächlich so aufgefaßt wurde, ergibt sich aus der rumänischen Note vom 28. Juni 1940 (bei *Makarov*, ZaöRVR X (1940/41), S. 358), in der es heißt: „Die rumänische Regierung sieht sich gezwungen, die Bedingungen der Evakuierung, die in der Sowjetantwort vorgesehen sind, anzunehmen, um die Möglichkeit zu haben, sich der ernsten Folge zu entziehen, die die Anwendung von Gewalt und die Eröffnung von militärischen Aktionen in diesem Teil Europas hervorgerufen hätten".

[145] *Makarov*, ZaöRVR X (1940/41), S. 357.

[146] *Makarov*, ZaöRVR X (1940/41), S. 357.

Antwort auf die oben dargelegten Vorschläge spätestens bis zum 28. Juni 12.00 Uhr erteilt"[147]. Der militärische Druck und die Drohung seitens der UdSSR dauerten bei Überreichung dieser Erklärung an und wurden auch von Rumänien noch als solche empfunden[148].

Zusammenfassend läßt sich folgendes feststellen: die im politischen[149], völkerrechtlichen[150] und geschichtlichen[151] Bereich als Ultimatum bezeichnete Note der UdSSR vom 26. Juni 1940 enthält drei wesentliche Punkte: eine Forderung (Territorialveränderungen), eine Fristsetzung (die in der zweiten Note verändert wurde) und eine Drohung (gewaltsame Besetzung der geforderten Gebiete). Obwohl die Sowjet-Union ausdrücklich davon spricht, daß die Annahme ihrer Vorschläge eine friedliche Lösung ermöglichen würde, und man den Gegenschluß dahin ziehen könnte, die Nichtannahme der sowjetischen Forderungen bedeute Krieg, sind die beiden Noten der UdSSR nicht als bedingte Kriegserklärung anzusehen. Selbst ein etwa geplanter und von rumänischer Seite erwarteter Einsatz militärischer Mittel bedeutet nicht notwendigerweise Krieg, wie sich bereits im Zusammenhang mit der anglo-französischen Suezaktion ergeben hatte. Für eine durch die Nichtannahme ihrer Forderungen innerhalb einer bestimmten Frist aufschiebend bedingte Kriegserklärung der UdSSR an Rumänien fehlt es der sowjetischen Note vom 26. Juni 1940 an der erforderlichen Klarheit.

Sie ist deshalb jener Gruppe von Erklärungen zuzurechnen, die von der Mittelmeinung unter dem Begriff des Ultimatums verstanden werden.

(b) Die Noten der UdSSR an die baltischen Staaten von 1940

(1) Der Wortlaut der Noten

Kurze Zeit vor den soeben geschilderten Ereignissen war es zwischen der Sowjet-Union und den drei baltischen Staaten zu ähnlichen Vorgängen gekommen.

Die diplomatischen Vorgänge vom Juni 1940 im Baltikum waren eine unmittelbare Folge des Moskauer Molotow-Ribbentrop-Paktes vom 23. August 1939[152] und des deutsch-sowjetischen Grenz- und Freund-

---

[147] *Makarov*, ZaöRVR X (1940/41), S. 358.
[148] Vgl. Anm. 144.
[149] *Gafencu*, a.a.O., S. 386.
[150] *Makarov*, ZaöRVR X (1940/41), S. 336.
[151] *Rönnefarth-Euler*, a.a.O., Bd. IV, S. 190.
[152] Über die Vorgeschichte des Paktes berichten *Rönnefarth-Euler*, a.a.O., Bd. IV, S. 173 ff.; der Wortlaut des Paktes und des Zusatzprotokolles findet sich a.a.O., Bd. IV, S. 175 ff.

schaftsvertrages vom 28. September 1939[153]. In einem geheimen Zusatz-
protokoll zum Moskauer Abkommen hatten die Vertragspartner ihre territorialen Interessensphären abgegrenzt. Danach fielen Estland und Lettland in den sowjetischen Interessenbereich[154]. Der zweite Vertrag er-
weiterte gegen sowjetische Zugeständnisse im Hinblick auf polnisches
Territorium die sowjetische Interessensphäre auch auf Litauen[155].

Die deutschen Erfolge vom Frühjahr 1940 in Norwegen und Dänemark förderten in Moskau den Wunsch, nunmehr sowjetischerseits die
seit Herbst 1939 im Baltikum vorgesehenen gebietlichen Veränderungen
vorzunehmen[156]. Die Möglichkeiten dazu waren nach Abschluß des sowjetisch-finnischen Friedensvertrages in Moskau am 12. März 1940 besonders günstig geworden[157].

Schon 1939 hatten die baltischen Staaten unter sowjetischem Druck
Stützpunkt- und Beistandsverträge mit der UdSSR abgeschlossen[158], die
der letzteren die Errichtung von Garnisonen auf den Gebieten der drei
Staaten erlaubte. Die Errichtung dieser Stützpunkte gab Anlaß zu vielfältigen Spannungen, die sofort nach der Verbesserung der sowjetischen
außenpolitischen Lage einsetzten[159].

Nach einer Zeit ständig wachsender Unruhe und sowjetischem Druck
überreicht der sowjetische Außenminister Molotow dem zu Verhandlun-

---

[153] Wortlaut und Vorgeschichte bei *Rönnefarth-Euler*, a.a.O., Bd. IV,
S. 184 ff.

[154] Abs. 1 des geheimen Zusatzprotokolles (bei *Rönnefarth-Euler*, a.a.O.,
Bd. IV, S. 176) lautet: „Für den Fall einer territorial-politischen Umgestal-
tung in den zu den baltischen Staaten (Finnland, Estland, Lettland, Litauen)
gehörenden Gebieten bildet die nördliche Grenze Litauens zugleich die
Grenze der Interessensphären Deutschlands und der UdSSR. Hierbei wird
das Interesse Litauens am Wilnaer Gebiet beiderseits anerkannt".

[155] *Rönnefarth-Euler*, a.a.O., Bd. IV, S. 184.

[156] *Repecka*, a.a.O., S. 46. Er weist besonders auf einen Leitartikel der
„Isvestija" vom 16. Mai 1940 hin (a.a.O., S. 47), in dem die Auffassung vertreten wird, daß die weltpolitische Lage keinen Raum mehr für die Neutralität und die Unabhängigkeit kleinerer Staaten lasse.

[157] Vorher war die Lage für die UdSSR kritisch; im sowjetisch-finnischen
Winterkrieg hatte Finnland zunächst einen völlig überraschenden und er-
folgreichen Widerstand geleistet. Darüber hinaus hatte der Völkerbund die
Sowjet-Union am 14. Dezember 1939 ausgeschlossen und seinen Mitgliedern
die Unterstützung Finnlands empfohlen. Hinzu kam schließlich, daß England
und Frankreich die Entsendung von Truppenkontingenten nach Finnland
erwogen; *Churchill*, a.a.O., S. 180 ff., schildert die Gesamtlage.

[158] Estland am 28. September 1939; Lettland am 5. Oktober 1939; Litauen
am 10. Oktober 1939.

[159] Nach *Repecka*, a.a.O., S. 49 und 52, warf die UdSSR in einer Note vom
25. Mai 1940 Litauen organisierte Angriffe auf Mitglieder der sowjetischen
Stationierungsstreitkräfte vor. Wenige Tage später beschuldigte die „Prawda"
in einem Artikel Estland probritischen und antisowjetischen Verhaltens; am
30. Mai 1940 veröffentlichte die „Isvestija" einen gegen Litauen gerichteten
Artikel.

gen nach Moskau entsandten litauischen Außenminister Urbsys am 14. Juni 1940 um 23.50 Uhr[160] eine sowjetische Note[161]. Darin wird zunächst die Abberufung des litauischen Innenministers Skucas und des Chefs der politischen Polizei Povelajtis verlangt. Zum anderen wird die Bildung einer Regierung gefordert, die eine ehrliche Durchführung des sowjetisch-litauischen Vertrages gewährleiste. Schließlich verlangt die UdSSR das Recht des freien Durchmarsches sowjetischer Truppen zu den wichtigsten Zentren Litauens. In der Note heißt es dann wörtlich[162]: „Die Sowjet-Regierung hält die Erfüllung dieser Forderungen für eine elementare Vorbedingung, ohne welche es unmöglich ist, zu erreichen, daß der sowjetisch-litauische Vertrag über gegenseitige Hilfeleistung ehrlich und gewissenhaft ausgeführt wird.

Die Sowjet-Regierung erwartet die Antwort der litauischen Regierung bis zum 15. Juni 10.00 Uhr vormittags. Das Nichteintreffen der Antwort der litauischen Regierung zu diesem Termin wird als eine Absage der Erfüllung der oben bezeichneten Forderungen der Sowjet-Union betrachtet.“

Den beiden anderen baltischen Staaten wurden Noten, die im wesentlichen gleichlautend waren, übermittelt[163].

(2) Die mündlichen Erklärungen Molotows

Das Bild wird vollständig, wenn man neben den Noten die mündlichen Erklärungen Molotows aus Anlaß ihrer Übergabe an die diplomatischen Vertreter der drei baltischen Staaten berücksichtigt. Dem litauischen Außenminister Urbsys, der ihn um Verlängerung der nur zehnstündigen Frist zur Beantwortung der Note ersuchte, bedeutet Molotow, er könne die wesentlichen Punkte kurz telegrafisch durchgeben. Wie auch immer die Antwort ausfallen möge, die sowjetischen Streitkräfte würden unter allen Umständen in Litauen einrücken[164].

Der estnische Gesandte Rei, der die Note am 16. Juni 1940, 14.30 Uhr Moskauer Zeit, durch Molotow erhalten hatte, gab am 26. September 1940 in Stockholm eine Erklärung ab[165], wonach ihm Molotow mündlich noch folgende Mitteilung machte: die Note sei bis 23.00 Uhr Moskauer Zeit, also in weniger als neun Stunden, zu beantworten. Nach der Er-

---

[160] Einzelheiten entnommen *Meissner*, a.a.O., S. 74.

[161] Wortlaut der Note bei *Makarov*, Die Eingliederung der baltischen Staaten in die Sowjet-Union, ZaöRVR X (1940/41), S. 700.

[162] Bei *Makarov*, ZaöRVR X (1940/41), S. 701 f.

[163] *Selter*, Die Sowjetpolitik und das Baltikum, Auswärtige Politik 1944/4, S. 206.

[164] *Repecka*, a.a.O., S. 59.

[165] *Rei*, Nazi-Soviet Conspiracy and the Baltic-States, S. 47 ff.

klärung Reis, die eidlich zu bekräftigen er sich bereit erklärte[166], war in
der Mitteilung Molotows weiter enthalten „a plain threat that in case
no answer indicating submission to the ultimatum would be received by
the stated time, the Red Army units concentrated at the frontier of the
Estonian Republic would be ordered to march into Estonia, suppressing
all resistance by armed force"[167].

Schließlich enthält die Stockholmer Erklärung Reis noch den Hinweis,
daß ihm der lettische Gesandte Kocins am 17. Juni 1940 mitgeteilt habe,
ihm sei unter gleichen Umständen und Bedingungen die sowjetische Note
überreicht worden[168].

(3) Die Beurteilung der sowjetischen Noten

Die sowjetischen Noten an die baltischen Staaten vom 14./17. Juni
1940 werden in der völkerrechtlichen und geschichtlichen Literatur allgemein als Ultimatum bezeichnet[169]. Dieser Beurteilung liegt zugrunde
nicht nur der Text der Noten, sondern die Gesamtheit der Erklärungen,
die aus den Noten selbst und den bei ihrer Überreichung von Molotow
mündlich gemachten Ausführungen bestehen[170]. In dieser Gesamterklä-
rung sind wiederum die Elemente der Forderung, Fristsetzung und Drohung enthalten. Die Drohung selbst besteht wie in einigen der schon vorher erwähnten Beispiele zwar in der Ankündigung militärischer Gewaltmaßnahmen, nicht aber in einer bedingten Kriegserklärung, da es
den sowjetischen Erklärungen dazu an der erforderlichen Klarheit und
Bestimmtheit fehlt[171].

Die Androhung von Waffengewalt reicht zur Annahme eines Kriegszustandes noch nicht aus. Die Annahme, daß es sich bei der angedrohten
Besetzung um eine occupatio bellica handelt, würde gleichfalls voraus-
setzen, daß zwischen den beiden Gegnern der Kriegszustand besteht.

Die geschilderten diplomatischen Erklärungen besitzen mithin jene
Merkmale, die nach Auffassung der Mittelmeinung Mindestvorausset-
zungen für die Anwendung der Bezeichnung Ultimatum sind.

---

[166] *Rei*, a.a.O., S. 48.

[167] *Rei*, a.a.O., S. 47.

[168] *Rei*, a.a.O., S. 47.

[169] *Meissner*, a.a.O., S. 71; eine eingehende Untersuchung findet sich a.a.O.,
S. 195 ff.; *Repecka*, a.a.O., S. 135 f.; *Selter*, AP 1944/4, S. 206; *Rei:* a.a.O., S. 12;
Churchill, a.a.O., S. 259; *Gebhardt-Grundmann*, a.a.O., Bd. IV, S. 266.

[170] Zur rechtlichen Zulässigkeit eines ganz oder teilweise mündlich gestellten Ultimatums vgl. unten Abschn. C III b.

[171] *Rei* würde eine etwaige Kriegsdrohung Molotows in seiner Erklärung
mit Sicherheit erwähnt haben.

5. Diplomatische Schritte Deutschlands vor Ausbruch des zweiten Weltkrieges

(a) Die deutsch-österreichische Diplomatie vor dem Anschluß Österreichs

Dem Einmarsch deutscher Truppen in Österreich am 12. März 1938 waren Jahre innen- und außenpolitischer Spannungen und intensiver diplomatischer Tätigkeit voraufgegangen[172]. Die innenpolitischen Wirrnisse in Österreich und das ungeklärte Verhältnis zu Deutschland standen in einer dauernden Wechselwirkung. Das Anschlußverbot in Art. 80 des Versailler Friedensvertrages hatte starke Strömungen in Österreich, die eine Vereinigung mit Deutschland wünschten, nicht beseitigen können, es hatte sie im Gegenteil sogar verstärkt.

Am 11. Juli 1936 hatten der deutsche Botschafter in Wien, Franz von Papen, und der österreichische Bundeskanzler Schuschnigg, Nachfolger des 1934 bei dem nationalsozialistischen Juliputsch ermordeten Bundeskanzler Dollfuß, die deutsch-österreichischen Beziehungen in einem Übereinkommen zu regeln versucht[173]. Mit dem Ausbleiben der von Deutschland erhofften Annäherung Österreichs an das Reich kam es zu Konflikten[174]. Ein Treffen zwischen Hitler und Schuschnigg am 12. Februar 1938 auf dem Obersalzberg[175] sollte Abhilfe schaffen. Hitler erging sich dabei in Drohungen und Vorwürfen gegen Österreich und unterstrich immer wieder die militärische Stärke Deutschlands[176]; schließlich schloß man ein weiteres Abkommen[177], in dem Österreich sich zu einer Amnestie für verurteilte österreichische Nationalsozialisten verpflichtete[178] und ihnen vor allem freiere politische Betätigung gewährte[179]. Wichtigstes Ergebnis des Berchtesgadener Treffens war die Ernennung des Nationalsozialisten Seyß-Inquart zum Innenminister der Regierung Schuschnigg mit Unterstellung des gesamten Sicherheitswesens[180].

Aufgrund dieses Abkommens hoffte Hitler, in Kürze in Österreich alle Macht in Händen zu halten. Demgegenüber plante Schuschnigg eine

---

[172] Die beste Gesamtdarstellung der ganzen Entwicklung gibt *Eichstädt*, Von Dollfuß zu Hitler.

[173] Wortlaut und Vorgeschichte des Abkommens bei *Rönnefarth-Euler*, a.a.O., Bd. IV, S. 140 ff.

[174] Über eine Reihe von Zwischenfällen berichtet *Eichstädt*, a.a.O., S. 205 ff.

[175] Ein Bericht darüber findet sich bei *Schuschnigg*, Ein Requiem in Rot-Weiß-Rot, S. 38 ff.

[176] Die Wiedergabe des bei diesem Gespräch aufgenommenen Stenogrammberichts bringt *Hohlfeld*, Dokumente der deutschen Politik und Geschichte von 1848 bis zur Gegenwart, Bd. IV, S. 390 ff.

[177] Wortlaut des Abkommens: Akten zur Deutschen Auswärtigen Politik, Serie D, Bd. I, S. 421 ff.

[178] Ziff. 4 des Berchtesgadener Abkommens.

[179] Ziff. 2, 5 und 6 des Abkommens.

[180] Ziff. 3 des Abkommens.

politische Demonstration, mit der er vor allem die deutschen Behauptungen, die österreichische Bevölkerung wünsche den Anschluß, widerlegen wollte. Bei einer Ansprache in Innsbruck kündigte er am 9. März 1938 als Gegenmaßnahme eine Volksabstimmung für den 13. März 1938 an, in der für die Unabhängigkeit Östereichs gestimmt werden sollte[181]. Um die Jugend von der Abstimmung fern zu halten und ein möglichst günstiges Ergebnis zu erzielen, sollte das Wahlalter auf 24 Jahre heraufgesetzt werden[182].

Deutschland bezeichnete die geplante Volksabstimmung als Bruch des Berchtesgadener Abkommens. Nach kurzer Zeit entschloß sich Hitler, die Absetzung der Abstimmung mit allen Mitteln zu erzwingen, falls erforderlich sogar mit militärischer Gewalt. Am Nachmittag des 10. März erging deshalb ein Mobilmachungsbefehl für das Gruppenkommando 3, wonach die 8. Armee zum Einmarsch nach Österreich bereitzustellen sei[183]. Unter dem Druck Berlins gab Schuschnigg am 11. März 1939 gegen 14.30 Uhr nach und setzte die Volksabstimmung ab[184].

Göring, der bereits wenige Minuten später bei einem Telefongespräch mit Seyß-Inquart diesen Entschluß erfuhr, wurde zur treibenden Kraft bei den nun folgenden Ereignissen[185]. In den kommenden Stunden stand er in ständiger telefonischer Verbindung mit Wien[186]; in sechs Stunden führte er nicht weniger als zehn Gespräche. Um 15.05 Uhr teilte Göring dem Minister Seyß-Inquart mit, Schuschnigg genieße wegen des von ihm zu verantwortenden Bruchs des Berchtesgadener Abkommens nicht mehr das Vertrauen Berlins[187]. Die nationalen Minister um Seyß-Inquart hätten deshalb ihre Abdankung einzureichen und von Schuschnigg zu verlangen, daß er gleichfalls zurückträte. Der entscheidende Zeitpunkt war am Spätnachmittag gekommen. Um 17.26 Uhr sprach Göring etwa 5 Minuten lang mit Seyß-Inquart[188]. Dieser teilte ihm mit, daß er dem österreichischen Bundespräsidenten den Vorschlag gemacht habe, ihn —

---

[181] Wortlaut der Rede Schuschniggs bei *Hohlfeld*, a.a.O., Bd. IV, S. 407.

[182] *Eichstädt*, a.a.O., S. 355.

[183] *Eichstädt*, a.a.O., S. 370.

[184] So die Aussage Glaise-Horstenau (Minister ohne Portefeuille im Kabinett Schuschnigg, Vizekanzler im Kabinett Seyß-Inquart) vor dem Nürnberger Militärgericht, Der Prozeß gegen die Hauptkriegsverbrecher (IMT), Bd. XVI, S. 133.

[185] Am 14. März 1946 hat Göring in seiner Aussage in Nürnberg (IMT, Bd. IX, S. 333) erklärt, vom Augenblick des Telefongespräches ab habe er das Gefühl gehabt, „die Situation komme ins Rutschen"; von da ab müsse er die Verantwortung „hundertprozentig" auf sich nehmen.

[186] Aufzeichnung der Telefongespräche IMT, Bd. XXXI, Dokument 2949-PS, S. 354 ff.

[187] IMT, Bd. XXXI, S. 355.

[188] IMT, Bd. XXXI, S. 360 ff.

Seyß-Inquart — mit der Kanzlerschaft zu betrauen[189]. Eine Entscheidung sei in etwa drei bis vier Stunden zu erwarten.

Darauf erteilte Göring ihm folgende Anweisung[190]: „Also bitte folgendes: Sie möchten sich sofort mit Generalleutnant Muff[191] zum Bundespräsidenten begeben und ihm sagen, wenn nicht unverzüglich die Forderungen wie benannt, Sie kennen sie, angenommen werden, dann erfolgt heute nacht der Einmarsch der bereits an der Grenze aufmarschierenden und anrollenden Truppen auf der ganzen Linie und die Existenz Österreichs ist vorbei! Der Generalleutnant Muff möchte sich mit Ihnen hinbegeben und verlangen, sofort vorgelassen zu werden und das ausrichten. Bitte geben Sie uns unverzüglich Nachricht, auf welchem Standpunkt Miklas bleibt. Sagen Sie ihm, es gibt keinen Spaß jetzt. Es ist gerade vorhin durch diese falsche Darstellung im Moment angehalten worden, aber jetzt ist die Sache so, daß dann heute nacht der Einmarsch an allen Stellen Österreichs beginnt. Der Einmarsch wird nur dann aufgehalten, und die Truppen bleiben an der Grenze stehen, wenn wir bis 7.30 Uhr [192] die Meldung haben, daß der Miklas die Bundeskanzlerschaft Ihnen übertragen hat. Also bis 7.30 Uhr Meldung. Der Generalleutnant Muff soll mit hingehen. Ich werde sofort Muff dieselbe Weisung geben. Wenn der Miklas das nicht in 4 Stunden kapiert, muß er jetzt eben in 4 Minuten kapieren".

Unmittelbar danach erhielt Muff die angekündigte Weisung. Dies ergibt sich aus einer Aufzeichnung Muffs, die er auf Anfrage[193] des Österreich-Referenten im Auswärtigen Amt, Legationsrat Altenburg, vom 12. März 1938 anfertigte[194].

Göring selbst hat den Inhalt dieser Gespräche in Nürnberg nicht bestritten[195].

Trotz der Anweisung Görings führte Muff den Auftrag allein durch, da Seyß-Inquart sich weigerte, als österreichischer Minister ein Ultimatum zu übergeben[196].

---

[189] IMT, Bd. XXXI, S. 361.

[190] IMT, Bd. XXXI, S. 362.

[191] Militärattaché an der deutschen Botschaft in Wien.

[192] Gemeint ist 19.30 Uhr desselben Tages.

[193] ADAP, Serie D, Bd. I, S. 480.

[194] ADAP, Serie D, Bd. I, S. 481; Muff teilt Altenburg in seinem Bericht mit, daß er den Befehl erhalten habe, sofort mit Seyß-Inquart zum Bundespräsidenten zu gehen und ihm zu eröffnen: „Wenn Generalfeldmarschall Göring nicht bis 19.30 Uhr Meldung habe, daß Seyß-Inquart Kanzler geworden wäre, so marschierten 200 000 Mann, die an der Grenze bereit ständen, ein. Der Bundespräsident trage die volle Verantwortung für die Folge seiner Weigerung".

[195] IMT, Bd. IX, S. 333.

[196] vgl. die Erklärung Muffs, ADAP, Serie D, Bd. I, S. 481.

Die Erklärungen Muffs sind von den Beteiligten als Ultimatum beurteilt und bezeichnet worden. Schuschnigg erklärte in einer Rundfunkansprache, die er am 11. März 1938 gegen 20.00 Uhr hielt, unter anderem[197].

„Die deutsche Regierung hat dem Herrn Bundespräsidenten ein befristetes Ultimatum gestellt, nach dem der Herr Bundespräsident einen ihm vorgeschlagenen Kandidaten zum Bundeskanzler ernennen und die Regierung nach den Vorschlägen der deutschen Reichsregierung zu bestellen hätte, widrigenfalls der Einmarsch deutscher Truppen in Österreich für diese Stunde in Aussicht genommen wurde.

Der Herr Bundespräsident beauftragt mich, dem österreichischen Volk mitzuteilen, daß wir der Gewalt weichen"[198]. Daneben hat auch Bundespräsident Miklas erklärt, an ihn sei ein Ultimatum gerichtet worden[199]. Derselben Auffassung sind auch Muff[200] und Seyß-Inquart[201].

Am 13. März 1938 bestritt Göring in einem Telefongespräch mit dem zu seinem Abschiedsbesuch als Botschafter in London weilenden Reichsaußenminister von Ribbentrop, daß Deutschland ein Ultimatum gestellt habe[202]. Dies sei eine Lüge Schuschniggs, denn das Ultimatum sei von Seyß-Inquart, Glaise Horstenau und Jury[203] ausgegangen[204]. Auch dem Bundespräsidenten Miklas sei nicht von Deutschland, sondern von anderer Seite ein Ultimatum gestellt worden[205]. Göring forderte Ribben-

---

[197] *Hohlfeld*, a.a.O., Bd. IV, S. 413.

[198] Dieser Auftrag ist von Miklas bestritten worden; vgl. seine im österreichischen Neumayer-Prozeß gemachte Aussage, IMT, Bd. XXXII, Dokument 3697-PS, S. 447.

[199] Aussage Miklas, IMT, Bd. XXXII, Dokument 3697-PS, S. 445.

[200] In seiner Aufzeichnung, ADAP, Serie D, Bd. I, S. 481 heißt es: „Nachdem ich dem Bundespräsidenten befehlsgemäß das Ultimatum in der mir befohlenen Form ausgerichtet hatte..."

[201] Bericht Muffs, ADAP, Serie D, Bd. I, S. 481.

[202] IMT, Bd. XXXI, Dokument 2949-PS, S. 370 ff.

[203] Ehemaliger stellvertretender Landesleiter der NSDAP in Österreich, Sozialminister im Kabinett Seyß-Inquart.

[204] Damit meint Göring einen Brief, den die drei Genannten am Morgen des 11. März 1938 an Schuschnigg gerichtet hatten (vgl. die Aussage Seyß-Inquart, IMT, Bd. XVI, S. 109). Sie hatten darin die Absetzung oder Verschiebung der geplanten Volksabstimmung gefordert und für den Fall der Nichterfüllung ihrer Forderung ihre Demission in Aussicht gestellt. Dieser Brief, der auch von *Eichstädt*, a.a.O., S. 375, und dem US-Anklagevertreter Thomas J. Dodd, IMT, Bd. XVI, S. 109 als Ultimatum bezeichnet wurde, kann im Rahmen einer völkerrechtlichen Untersuchung keine Bedeutung haben.

[205] IMT, Bd. XXXI, S. 374: „Es ist ferner nicht richtig, daß dem Bundespräsidenten ein Ultimatum gestellt worden ist von uns, sondern auch nur von den anderen und lediglich ist da, glaube ich, ein Militärattaché mitgegangen, gebeten von Seyß-Inquart wegen einer technischen Frage — der sollte also anfragen, ob wenn Seyß-Inquart bitten würde zur Unterstützung deutsche Truppen einmarschieren zu lassen, Deutschland ja sagen würde, aber nicht den Leuten, sondern Seyß-Inquart."

trop auf, in London die Tatsachen entsprechend klarzustellen und darauf hinzuweisen, daß die Annahme, Deutschland habe ein Ultimatum gestellt, auf einer Irreführung beruhe[206].

Mit dieser Haltung folgte Göring dem damals in Deutschland offiziell vertretenen Standpunkt[207]; seiner Auffassung, nicht das Reich, sondern die in Wien handelnden Personen seien als Urheber der abgegebenen Erklärung anzusehen, ist jedoch nicht beizupflichten. Sowohl aus österreichischer Sicht als auch aufgrund der objektiven Begebenheiten standen hinter der Erklärung Muffs die Autorität und militärische Macht des Deutschen Reiches. Muff selbst handelte nicht aus eigener Machtvollkommenheit, sondern auf Anweisung Görings, der wiederum das Einverständnis Hitlers besaß[208]. Die Abgabe der Erklärung durch Muff beruht lediglich auf der Tatsache, daß Völkerrechtssubjekte gezwungen sind, durch natürliche Personen zu handeln. Die von Muff dem österreichischen Bundespräsidenten übermittelte Erklärung ist als offizielle Erklärung des Deutschen Reiches anzusehen.

Wenn die Auffassung der Beteiligten, die deutsche Erklärung stelle ein Ultimatum dar, allgemein in der Literatur geteilt wird[209], so findet sich darin eine erneute Bestätigung für die Verwendung der Terminologie der Mittelmeinung: in der deutschen Erklärung vom 11. März 1938 sind Forderung, Fristsetzung und die Ankündigung eigener, zwar militärischer, nicht aber kriegerischer Maßnahmen enthalten.

(b) Die deutsch-tschechischen Besprechungen in Berlin am 16. März 1939

Der britische Premierminister Chamberlain sah sich in seiner Überzeugung, daß das Münchener Abkommen vom 29. September 1938[210] betreffend die Tschechoslowakei und die von ihm und Hitler unterzeichnete deutsch-englische Erklärung vom 30. September 1938[211] „peace for our time"[212] bedeuteten, schon bald getäuscht.

---

[206] IMT, Bd. XXXI, S. 374.

[207] Am 12. März 1938 sandte Staatssekretär von Weizsäcker an die dt. Auslandsvertretungen ein Telegramm „zur Information und Sprachregelung", mit der Weisung, das Vorliegen eines Ultimatums zu bestreiten, ADAP, Serie D, Bd. I, S. 478 ff.

[208] Dies ergibt sich aus einem Telefongespräch Hitlers am Abend des 11. März 1938 mit dem in Rom befindlichen Landgrafen Philipp von Hessen; IMT, Bd. XXXI, S. 368 ff.

[209] *Gebhardt-Grundmann*, a.a.O., Bd. IV, S. 234; *Hohlfeld*, a.a.O., Bd. IV, S. 409; *Holldack*, Was wirklich geschah, S. 82; *Eichstädt*, a.a.O., S. 394.

[210] Wortlaut des Abkommens: ADAP, Serie D, Bd. II, S. 675.

[211] Wortlaut der Erklärung bei *Celovsky*, Das Münchner Abkommen 1938, S. 482.

[212] *Chamberlain*, The Struggle for Peace, S. 302 f.

Das Münchener Abkommen und die Chamberlain in Godesberg gegebene Versicherung, nach der Lösung der Sudetendeutschen-Frage gebe es für Deutschland in Europa keine territorialen Probleme und Fragen mehr[213], hinderten Hitler nicht daran, sich über das Abkommen hinwegzusetzen. Schon am 21. Oktober 1938 befahl er dem OKW die Vorbereitung auf „die Erledigung der Rest-Tschechei"[214]. Dieses Ziel erreichte Hitler im Frühjahr 1939, fast genau ein Jahr nach dem Anschluß Österreichs. Auch in den sechs Monaten seit dem Abschluß des Münchner Abkommens hatte sich die Lage für die Rumpftschechei nicht entspannt[215]. Anstelle der deutsch-tschechischen Spannungen in der Außenpolitik waren nunmehr innerpolitische Spannungen zwischen Tschechen und Slowaken getreten. Von außen drängten weiter Polen und Ungarn, die noch territoriale Forderungen gegenüber dem Reststaat geltend machten[216]. Die Tschechei war aus Gründen der eigenen Sicherheit einer engeren Zusammenarbeit mit dem „großen deutschen Nachbarn" nicht abgeneigt[217], man versicherte, eine loyale Haltung gegenüber Deutschland einnehmen zu wollen[218].

Am 29. Oktober 1938 wurde von Deutschland und Italien durch den sog. 1. Wiener Schiedsspruch ein Teil der ungarischen Gebietsansprüche gegenüber der Tschechoslowakei befriedigt[219]. Gegen Jahresende nahm die antitschechische Strömung in Berlin auch offiziell zu. Am 21. Januar 1939 warf Reichsaußenminister von Ribbentrop dem tschechischen Außenminister Dr. Chvalkovsky bei einem Besuch in Berlin den Rückfall in eine getarnte Benesch-Politik vor[220]. Am Nachmittag desselben Tages er-

---

[213] Wortlaut der Unterredung: ADAP, Serie D, Bd. II, S. 716 ff. Öffentlich gab Hitler diese Erklärung am 26. September 1938 in seiner Berliner Sportpalastrede (Wortlaut: Monatshefte für Auswärtige Politik 1938, S. 972 ff.) ab.

[214] Weisung des Führers und Obersten Befehlshabers der Wehrmacht, ADAP, Serie D, Bd. IV, S. 90 ff.

[215] Darstellungen dieser Zeitspanne bei *Rönnefarth*, Die Sudetenkrise in der internationalen Politik, Bd. I, S. 697 ff. und *Raschhofer*, Die Sudetenfrage, S. 193 ff.

[216] In einer Zusatzerklärung zum Abkommen von München hatten die Vertragsmächte eine weitere Konferenz der Regierungschefs für den Fall vereinbart, daß nicht diese Minderheitenprobleme binnen drei Monaten von den betroffenen Regierungen geklärt seien; Wortlaut der Zusatzerklärung bei *Celovsky*, a.a.O., S. 482.

[217] Unterredung des tschechischen Außenministers Dr. Chvalkovsky mit dem deutschen Gesandtschaftsrat Hencke am 10. Oktober 1938, ADAP, Serie D, Bd. IV, S. 49 ff.

[218] ADAP, Serie D, Bd. IV, S. 51.

[219] Wortlaut und Vorgeschichte des Wiener Schiedsspruches bei *Rönnefarth-Euler*, a.a.O., Bd. IV, S. 158 ff.

[220] Aufzeichnung der Unterredung, IMT XXXI, Dokument 2795-PS, S. 130.

klärte Hitler dem tschechischen Außenminister, daß die Tschechoslowakei bei Aufrechterhaltung eines völkischen Eigenlebens in allem mit Deutschland verbunden werden müsse, andere Argumentationen seien „gymnasiastischer Unsinn"[221].

Zwischen der seit dem 6. Oktober 1938 autonomen Slowakei[222] und der Tschechei kam es aufgrund verstärkter slowakischer Unabhängigkeitsbestrebungen Anfang März 1939 zu Verhandlungen. Auf Weisung des Reichspropagandaministeriums gab die deutsche Presse ihre bislang in der tschechoslowakischen Frage geübte Zurückhaltung auf[223].

Hitler wollte die Unruhen durch gezielte Aktionen von außen steigern[224]. Als diese Maßnahmen ohne Erfolg blieben, griff Ribbentrop ein[225]. Am 12. März 1939 kam es zu ersten blutigen Zusammenstößen zwischen Slowaken und Tschechen und zwischen Tschechen und Volksdeutschen. Nach einer Unterredung des damaligen slowakischen Ministerpräsidenten, Dr. Tiso, mit Hitler am 13./14. März 1939 erklärte die Slowakei ihre Unabhängigkeit[226].

Am Mittag des 14. März 1939 bat der tschechische Staatspräsident Dr. Emil Hacha durch Vermittlung der deutschen Vertretung in Prag um eine persönliche Unterredung mit Hitler[227]. Hitler erklärte sich mit dem Besuch des tschechischen Staatspräsidenten einverstanden; Hacha traf am Abend des 14. März gegen 23.00 Uhr in Berlin ein. Noch während seiner Fahrt von Prag nach Berlin rückten deutsche Truppen im Raume Mährisch-Ostrau in die Tschechei ein[228].

In den frühen Morgenstunden des 15. März 1939, gegen 1.15 Uhr, begann die Unterredung Hitlers mit Hacha[229]. Dieser erklärte zu Eingang,

---

[221] Aufzeichnung der Unterredung Hitler—Dr. Chvalkovsky, ADAP, Serie D, Bd. IV, S. 167 ff.; hier S. 168.

[222] *Raschhofer*, a.a.O., S. 195/196.

[223] Wortlaut der Richtlinien der Pressekonferenz vom 10. März 1939 bei *Hagemann*, Publizistik im Dritten Reich, S. 380.

[224] Darstellung dieser Aktionen bei *Rönnefarth*, a.a.O., Bd. I, S. 733.

[225] Anweisung an den Konsul von Druffel in Preßburg, ADAP, Serie D, Bd. IV, S. 207 f.

[226] Der slowakische Landtag beschloß ohne Gegenstimme ein Gesetz (abgedruckt bei *Raschhofer*, a.a.O., S. 202), worin sich das Land Slowakei zum selbständigen und unabhängigen Staat Slowakei erklärte.

[227] Mitteilung des deutschen Geschäftsträgers in Prag, Dr. Hencke, an das Auswärtige Amt, ADAP, Serie D, Bd. IV, S. 222 ff.

[228] Aufzeichnung eines Anrufes des OKW, ADAP, Serie D, Bd. IV, S. 228.

[229] Die Aufzeichnung der Unterredung durch Legationsrat Hewel findet sich in ADAP, Serie D, Bd. IV, S. 229 ff.; an der Unterredung nahmen die beiden Außenminister, von deutscher Seite außerdem noch Göring und einige höhere Militärs teil.

daß das Schicksal der Tschechoslowakei seiner Überzeugung nach in den Händen des Führers liege[230].

Im Verlauf einer längeren Rede, die von dem Legationsrat Hewel in indirekter Rede aufgezeichnet wurde, antwortete Hitler ihm, daß er den Befehl zum Einmarsch deutscher Truppen in die Tschechoslowakei und zur Eingliederung des Landes in das Deutsche Reich gegeben habe[231]. „Morgen um 6.00 Uhr rücke von allen Seiten her die deutsche Armee in die Tschechoslowakei ein, und die deutsche Luftwaffe werde die tschechischen Flughäfen besetzen. Es gäbe zwei Möglichkeiten. Die erste sei die, daß sich das Einrücken der deutschen Truppen zu einem Kampf entwickelt. Dann wird dieser Widerstand mit allen Mitteln mit Brachialgewalt gebrochen. Die andere ist die, daß sich der Einmarsch der deutschen Truppen in erträglicher Form abspielt, dann würde es dem Führer leicht, bei der Neugestaltung des tschechischen Lebens der Tschechoslowakei ein großzügiges Eigenleben, eine Autonomie und gewisse nationale Freiheit zu geben"[232]. Etwas später sagte Hitler[233]: „Käme es morgen zum Kampf, so würde der Druck Gegendruck erzeugen. Man würde sich gegenseitig aufreiben und es sei ihm dann nicht mehr möglich, die versprochenen Erleichterungen zu geben. Die tschechische Armee würde in zwei Tagen nicht mehr existieren". Um den Umfang seiner Drohung deutlich zu machen, fügte Hitler hinzu[234]: „Um 6.00 Uhr würden die Truppen einmarschieren. Er schäme sich beinahe zu sagen, daß auf jedes tschechische Bataillon eine deutsche Division käme. Die militärische Aktion sei eben keine kleine, sondern sie sei in aller Großzügigkeit angesetzt". Den Hinweis Hachas, es sei unmöglich, innerhalb von vier Stunden das gesamte tschechische Volk vom Widerstand zurückzuhalten[235], ließ Hitler nicht gelten, „würde der Entschluß anders sein, so sähe er die Vernichtung der Tschechoslowakei"[236]. Hacha zog sich mit seinem Außenminister Chvalkovsky zu einer Besprechung zurück, an der u. a. Ribbentrop, Göring und Keitel teilnahmen. Über diese Besprechung einer deutsch-tschechischen Abmachung bestehen in den Darstellungen erhebliche Unterschiede[237].

---

[230] ADAP, Serie D, Bd. IV, S. 230.

[231] ADAP, Serie D, Bd. IV, S. 232.

[232] ADAP, Serie D, Bd. IV, S. 232.

[233] ADAP, Serie D, Bd. IV, S. 233.

[234] ADAP, Serie D, Bd. IV, S. 233.

[235] ADAP, Serie D, Bd. IV, S. 233.

[236] ADAP, Serie D, Bd. IV, S. 233.

[237] Umstritten ist vor allem die Frage, ob bei dieser Besprechung gegen die beiden Tschechen unmittelbar persönlicher Zwang angewandt wurde. In seinem Bericht an Bonnet vom 17. März 1939 (IMT, Bd. XXXI, Dokument 2943-PS, S. 345 ff.) gibt Coulondre folgende, allerdings auch nur auf Dar-

Fest steht jedoch, daß Göring Hacha gegenüber mit der Bombardierung Prags durch die deutsche Luftwaffe gedroht hat, falls er sich nicht bereit fände, die von deutscher Seite entworfene Vereinbarung zu unterschrieben[238]. Schließlich unterzeichneten Hacha und Chvalkovsky gegen 3.55 Uhr die ihnen vorgelegte Erklärung[239]. Der tschechische Staatspräsident legte in der Erklärung zum Zwecke der Sicherung der Ordnung und des Friedens in diesem Teil Mitteleuropas „das Schicksal des tschechischen Volkes und Landes vertrauensvoll in die Hände des Führers des Deutschen Reiches"[240]. Hacha und Chvalkovsky nahmen weiter Kennt-

---

stellungen von dritter Seite beruhende Schilderung: „Ils (d. h. die deutschen Minister; d. Verf.) ont littéralement pourchassé M. Hacha et M. Chvalkovsky autour de la table sur laquelle se trouvaient étendues les documents, les ramenant toujours devant ceux-ci, leur mettant la plume en main et ne cessant de leur répéter que, s'ils persévéraient dans leur refus, la moitié de Prague serait détruite dans deux heures par les avions allemands, et que cela ne serait qu'un commencement. M. Hacha était dans un tel état d'épuisement qu'à plusieurs reprises, il a dû recourir à l'intervention de médecins, qui se trouvaient d'ailleurs à pied d'oeuvre dès le début de la scène. A 4 heures 1/2 du matin, M. Hacha accablé, n'étant plus soutenu que par des piqûres, s'est résigné, la mort dans l'âme, à donner sa signature." Coulondre bezieht seine Kenntnis von einer „personne digne de foi" (IMT, Bd. XXXI, S. 345). Seiner Darstellung folgt *Holldack*, a.a.O., S. 111 ff. Die Angaben der drei Zeugen (der Tochter Hachas, Milada Radlova, des Chefs der tschechischen Staatskanzlei Dr. Popelka, und eines Referenten Hachas, Dr. Kliment), deren schriftliche Aussagen vor dem IMT zu Beweiszwecken herangezogen wurden (IMT, Bd. XXXII, Dokument 3061-PS, S. 14 ff.) und die sich alle entweder auf mündliche oder schriftliche Darstellungen des Geschehens durch Hacha selbst stützen, bringen keinen wirklichen Beweis für die Anwendung unmittelbaren persönlichen Zwanges gegen die tschechischen Unterhändler. Dr. Popelka spricht einmal von „psychischem Druck" (IMT, Bd. XXXII, S. 16); er und Kliment berichten auch von Injektionen (IMT, Bd. XXXII, S. 16 und S. 17). Die neben dem offiziellen Protokoll von deutscher Seite vorhandene Darstellung *Schmidts*, Statist auf diplomatischer Bühne, S. 435 ff., der zwar auch von einem Schwächeanfall Hachas und der Injektion berichtet (a.a.O., S. 438), weist ausdrücklich darauf hin, daß die z. B. von Coulondre beschriebenen Vorgänge nicht geschehen seien. *Schmidt* schildert auch, daß sich Hacha trotz aller Aufregungen erstaunlich aufrecht gehalten habe (a.a.O., S. 438). In Nürnberg hat die Anklage nicht auf persönlichen Zwang gestützt. Auch im Urteil taucht dieser Vorwurf weder gegen Göring noch gegen Ribbentrop auf (IMT, Bd. I, S. 315).

[238] Von dieser Drohung wird in den in Anm. 237 erwähnten Zeugenaussagen Frau Radlovas (IMT, Bd. XXXII, S. 15), Dr. Popelkas (IMT, Bd. XXXII, S. 16) und Dr. Kliments (IMT, Bd. XXXII, S. 17) übereinstimmend berichtet.

Göring selbst hat die Äußerung, es täte ihm leid, Prag bombardieren zu müssen, in Nürnberg zugegeben (IMT, Bd. IX, S. 341). „Die Absicht, Prag zu bombardieren, bestand nicht, es war auch kein diesbezüglicher Befehl, denn selbst bei Widerstand wäre das nicht notwendig gewesen, der Widerstand sei jederzeit leichter ohne dieses Bombardement zu brechen. Aber ein solcher Hinweis, glaubte ich, daß er als Argument mitwirken würde, die Sache zu beschleunigen."

[239] *Schmidt*, a.a.O., S. 439; die Zeitangaben sind unterschiedlich, vgl. Anm. Nr. 237.

[240] Wortlaut der gesamten Erklärung in ADAP, Serie D, Bd. IV, S. 235.

nis[241] von den deutschen Forderungen[242], in denen u. a. die Streckung der
Waffen und ein Startverbot für sämtliche Flugzeuge verlangt wurden.
Als Antwort auf jegliche Verteidigungsmaßnahme wurde noch einmal
die sofortige Vernichtung der tschechischen Truppen angekündigt. Am
16. März 1939 unterzeichnete Hitler in Prag die Proklamation über die
Errichtung des Protektorates Böhmen und Mähren[243].

Die für das vorliegende Thema wichtigen Punkte der deutsch-tschechischen Gespräche sind die Forderung Hitlers, die Eingliederung der
Tschechoslowakei in das Deutsche Reich widerstandslos hinzunehmen,
die Frist von etwas mehr als vier Stunden (bis zum Beginn des Einmar-
sches deutscher Truppen um 6.00 Uhr morgens) zur Annahme dieser Forderung und die mehrfachen Drohungen Hitlers und Görings: die Bre-
chung jeglichen Widerstandes mit allen Mitteln mit Brachialgewalt, Vernichtung der tschechischen Armee binnen zwei Tagen im Falle eines etwaigen Widerstandes, schließlich die Drohung mit der Vernichtung der
Tschechoslowakei und die Drohung Görings, Prag durch die deutsche
Luftwaffe bombardieren zu lassen.

Mit der Bezeichnung dieser Vorgänge als Ultimatum[244] wird erneut
die Terminologie der Mittelmeinung bestätigt[245].

*(c) Die diplomatischen Vorgänge vor der Besetzung Dänemarks und
Norwegens im Frühjahr 1940*

Nach den Erfahrungen des ersten Weltkrieges spielten die skandinavischen Staaten wegen ihrer seestrategischen Bedeutung für die gesamte
Atlantikschiffahrt in den Überlegungen der deutschen wie auch der bri-

---

[241] Anlage 1 zu der deutsch-tschechischen Erklärung, ADAP, Serie D, Bd.
IV, S. 235.

[242] Anlage 2 zu der deutsch-tschechischen Erklärung, ADAP, Serie D, Bd.
IV, S. 236.

[243] Wortlaut der Proklamation in ADAP, Serie D, Bd. IV. S. 236.

[244] *Raschhofer,* a.a.O., S. 217, und *Rönnefarth,* a.a.O., Bd. I, S. 774, greifen
zur Begründung allerdings nur einen dieser Punkte heraus. Bei *Rönnefarth*
heißt es: „Angesichts der Kürze der für die Entschließung verbleibenden
Zeit (01.15 Uhr bis 6.00 Uhr) handelte es sich de facto um ein Ultimatum
Hitlers, das Hacha annahm."
Die in der Anlage 2 zu der deutsch-tschechischen Erklärung enthaltenen
Forderungen waren am 12. März 1939 unter dem Titel „Forderungen für ein
Ultimatum" als Geheime Kommandosache dem Auswärtigen Amt durch das
OKW übergeben worden, vgl. *Rönnefarth - Euler,* a.a.O., Bd. IV, S. 163.

[245] Bereits am 1. Oktober 1938 hatte Polen an die Tschechoslowakei ein
Ultimatum zur Durchsetzung seiner Gebietsansprüche gerichtet. Dies ergibt
sich aus dem Telegramm Henckes vom 1. Oktober 1938 an das Auswärtige
Amt, ADAP, Serie D, Bd. IV, S. 7, und aus der Aufzeichnung des Attachés
Federer vom 1. Oktober 1938 über ein Telefongespräch des französischen
Botschafters in Berlin mit dem Auswärtigen Amt, ADAP, Serie D, Bd. IV,

tischen Admiralität eine hervorragende Rolle[246]. Die Nachschublinien für das kriegswichtige schwedische Erz, aber auch die für eine etwaige Blokkade wertvolle Seeflankenstellung begründeten das erhöhte Interesse beider Seiten an dem skandinavischen Raum[247].

Fast gleichzeitig tauchten in England und Deutschland strategische Vorstellungen und Pläne bezüglich militärischer Operationen in Skandinavien auf[248]. Entscheidenden Auftrieb erhielten die Vorbereitungen eines derartigen Unternehmens auf deutscher Seite durch den „Altmark"-Zwischenfall am 16. Februar 1940[249]. In knapp sechs Wochen gediehen nunmehr die deutschen Operationspläne bis zu ihrer Ausführung.

S. 8, und schließlich aus der Verbalnote der britischen Botschaft in Berlin vom selben Tage, ADAP, Serie D, Bd. IV, S. 8.

Polen verlangte von der Tschechei in seiner Note die Übergabe des Gebietes um Teschen und Freistadt bis zum 2. Oktober mittags. Falls bis 12.00 Uhr keine befriedigende Antwort eintreffe, kündigte Polen den Einmarsch seiner Truppen in die Tschechoslowakei an.

Sowohl in den vorerwähnten diplomatischen Dokumenten als auch in der Literatur (*Celovsky*, a.a.O., S. 472; *Rönnefarth*, a.a.O., Bd. I, S. 672; *Raschhofer*, a.a.O., S. 206; *Holldack*, a.a.O., S. 104) wird die polnische Note an die Tschechoslowakei als Ultimatum bezeichnet. Sie bildet ein weiteres Glied in der Kette der hier dargestellten völkerrechtlichen Erklärungen.

Schon am 17. März 1938 hatte Polen an Litauen ein Ultimatum gerichtet (vgl. *Laeuen*, Das polnische Ultimatum, Osteuropa 13 (1937/38), S. 513 ff.). Es handelt sich hier um den wohl einmaligen Fall, daß ein Ultimatum zum Zweck der Aufnahme diplomatischer Beziehungen gestellt wurde. Zwischen Polen und Litauen war der Besitz des Wilnaer Gebietes streitig (vgl. dazu auch Anm. 154). Da Litauen eine polnische Unterwanderung fürchtete, hatte es sich abgekapselt. Polen verlangte am 17. März 1938 von der litauischen Regierung binnen 48 Stunden die Zusicherung, daß bis spätestens 31. März 1938 diplomatische Beziehungen aufgenommen würden. Änderungen der Vorschläge oder Vorbehalte bei der Annahme würde die polnische Regierung als Ablehnung ansehen und in diesem Falle mit geeigneten Mitteln die Interessen ihres Staates sichern. Von einem polnischen Ultimatum an Danzig berichtet *Burckhardt*, Meine Danziger Mission 1937—1939, S. 254 ff.

[246] Eine vergleichende Darstellung findet sich bei *Hubatsch*, „Weserübung", S. 9 ff. *Hubatsch* gibt in seinem Werk die umfassendste Darstellung des Skandinavienfeldzuges und der dafür wichtigen Dokumente.

[247] *Hubatsch*, „Weserübung", S. 27 und S. 30, und *Churchill*, a.a.O., S. 180, schildern die in den Marinestäben beider Länder angestellten Überlegungen.

[248] *Churchill*, a.a.O., S. 180; ein zusammenfassender Vergleich der beiden Planungen findet sich bei *Hubatsch*, „Weserübung", S. 222.

[249] Darstellung des Zwischenfalls bei *Hubatsch*, „Weserübung", S. 33 ff.: Die „Altmark" war ein deutsches Marinetroßschiff, das von der im Dezember 1939 im Südatlantik versenkten „Graf Spee" englische Gefangene übernommen hatte. Nach Durchbrechung der britischen Blockadelinie versuchte die „Altmark", auf dem Handelsschiffahrtsweg durch die norwegischen Hoheitsgewässer nach Deutschland zu gelangen. Nach zweimaliger Untersuchung durch norwegische Kriegsschiffe wurde die „Altmark" innerhalb norwegischen Hoheitsgewässers von dem britischen Kriegsschiff „Cossack" aus geentert. Dabei gab es auf deutscher Seite mehrere Tote und Schwerverwundete. Das englische Verhalten stellte eine Verletzung der norwegischen Neutralität dar.

In den Morgenstunden des 9. April 1940 vollzogen sich die Landungs-operationen der deutschen Streitkräfte in Norwegen und Dänemark[250], nachdem noch einen Tag vorher französische und britische Seestreit-kräfte in norwegischen Hoheitsgewässern Minensperren ausgelegt hatten[251].

Parallel mit dem unter dem Decknamen „Weserübung" laufenden mi-litärischen Unternehmen waren am 7. April 1940 im Auswärtigen Amt auch diplomatische Schritte vorbereitet worden. Von diesem Tage da-tiert ein Anschreiben an die deutschen Gesandten Dr. Bräuer und Dr. von Renthe-Fink in Oslo und Kopenhagen[252]. Die beiden Diplomaten wurden darin angewiesen „das Original des anliegenden Memorandums[253] und der anliegenden Aufzeichnung, von denen je ein Durchschlag für Sie bei-gefügt ist, am 9. April morgens 5.20 Uhr (genau!) dem dortigen Außen-minister persönlich zu übergeben. Sie haben sicherzustellen, daß Sie von dem Außenminister um diese Uhrzeit empfangen werden. Die dazu er-forderliche Anmeldung und die sonstigen Vorbereitungen des Besuches dürfen jedoch keinesfalls vor 5.00 morgens erfolgen"[254].

Die Weisung des Reichsaußenministers enthält daneben noch einige Punkte, die die deutschen Gesandten bei der Übergabe des Memoran-dums dem Empfänger mündlich mitteilen sollten. Danach hatten sie zu-nächst darauf hinzuweisen, daß die deutschen Aktionen als Sicherungs-maßnahmen gegen ein unmittelbar bevorstehendes Vorgehen der Eng-länder und Franzosen gegen norwegisches (bzw. dänisches) Hoheits-gebiet anzusehen seien[255]. Es sei nicht möglich gewesen, die beiden Re-gierungen über die zur Zeit der Übergabe des Memorandums schon an-gelaufenen deutschen Maßnahmen früher zu informieren[256]. Wörtlich fährt der Reichsaußenminister in seiner Weisung fort[257]: „Die Reichsre-gierung erwartet daher auf das bestimmteste, daß die norwegische[258] Re-

---

[250] *Hubatsch*, „Weserübung", S. 61 ff., schildert den Verlauf des Unter-nehmens.

[251] *Churchill*, a.a.O., S. 192; die norwegische Regierung beschränkte sich auf reine Protestmaßnahmen, ließ aber die Minensperren selbst unangetastet.

[252] Wortlaut der Weisung bei *Hubatsch*, „Weserübung", Anhang L 8, S. 506 ff.

[253] Text der deutschen Memoranden bei *Hubatsch*, „Weserübung", Anhang L 9, S. 509 ff.

[254] *Hubatsch*, „Weserübung", Anhang L 8, S. 506; bei Verhinderung des Außenministers sollte das Memorandum dem Ministerpräsidenten übergeben werden.

[255] *Hubatsch*, „Weserübung", Anhang L 8, S. 506.

[256] *Hubatsch*, „Weserübung", Anhang L 8, S. 506.

[257] *Hubatsch*, „Weserübung", Anhang L 8, S. 507.

[258] Das Memorandum an die dänische Regierung war gleichlautend, so daß in allen Fällen, in denen die norwegische Regierung angesprochen wird, nur die Bezeichnung „dänische Regierung" einzusetzen ist.

gierung mit der allergrößten Beschleunigung den Befehl zum Verzicht auf jeden Widerstand erläßt und die in der Aufzeichnung[259] angeführten übrigen deutschen Forderungen erfüllt. Aus einem etwaigen Widerstand von norwegischer Seite würden sich zwangsläufig Folgen ergeben, die die Situation für Norwegen in unabsehbarer Weise erschweren müßten. Die norwegische Regierung ist auch nicht im Zweifel darüber zu belassen, daß jeder Widerstand gegen die mit starken Kräften durchgeführten deutschen Operationen völlig vergeblich und sinnlos sein würde, und daß Norwegen angesichts der getroffenen deutschen Sicherungsmaßnahmen (Minen, U-Boote) auch nicht etwa auf ein Eingreifen von dritter Seite rechnen darf.

Die Reichsregierung erwartet eine sofortige zustimmende Äußerung der norwegischen Regierung".

Ausdrücklich werden die Gesandten in Oslo und Kopenhagen darauf hingewiesen, daß ein Außer-Landes-Gehen des Königs bei der Besetzung auf jeden Fall zu verhindern sei[260].

Die diplomatischen Vertreter Deutschlands in den beiden Staaten wurden von dem ihnen erteilten Auftrag völlig überrascht[261]. Um die angegebene Uhrzeit überreichten beide das deutsche Memorandum[262]. In ihrer Note gibt die deutsche Reichsregierung für die eingetretene Entwicklung London und Paris die Schuld[263]. Weiter wird betont, daß in Berlin Beweise für eine unmittelbar bevorstehende Aktion der Franzosen und Engländer gegen Norwegen und Dänemark mit dem Ziel, Deutschland durch die Besetzung von Narvik von seiner Erzzufuhr abzuschneiden und es nach der Besetzung der beiden Staaten flankierend von Norden her angreifen zu können[264], vorlägen. Das Memorandum

---

[259] *Hubatsch*, „Weserübung", Anhang L 10, S. 512 ff., bringt den Wortlaut der Aufzeichnung. Darin wird die königlich-norwegische Regierung ersucht, einen Aufruf zu erlassen, wonach jeder Widerstand gegen die deutschen Truppen zu unterlassen sei; Verbindungskommandos zur Sicherung der loyalen Zusammenarbeit zwischen deutschen und norwegischen Truppen einzurichten; sämtliche militärischen Anlagen unversehrt zu übergeben; schließlich für die Erhaltung der Verkehrsmittel und -wege und der Nachrichtenmittel zu sorgen.

[260] *Hubatsch*, „Weserübung", Anhang L 8, S. 507.

[261] *Hubatsch*, „Weserübung", S. 128; auf S. 140 zitiert Hubatsch ungedruckte Aufzeichnungen des Oberstleutnants i. G. Pohlman, der die Instruktion des Reichsaußenministers dem deutschen Gesandten in Oslo, Dr. Bräuer, überbrachte und berichtet, er habe selten einen Mann so überrascht gesehen.

[262] *Hubatsch*, „Weserübung", S. 128 und S. 140.

[263] *Hubatsch*, „Weserübung", Anhang L 9, S. 509.

[264] *Hubatsch*, „Weserübung", Anhang L 9, S. 510. Die Verhinderung dieser beiden Ziele ist in der Tat das entscheidende Motiv für die Aktion „Weserübung" gewesen.

Der norwegische Außenminister Halvdan *Koht* sieht die Lage in seinem 1941 veröffentlichten Buch Norway — Neutral and Invaded zum Teil ohne

fährt dann fort[265]: „Deutschland ist nicht gewillt, eine solche Verwirklichung der Pläne seiner Gegner untätig abzuwarten oder hinzunehmen. Die Reichsregierung hat daher mit dem heutigen Tage bestimmte militärische Operationen angeordnet, die zur Besetzung strategisch wichtiger Punkte auf norwegischem Staatsgebiet führen werden. Die Reichsregierung übernimmt damit während dieses Krieges den Schutz des Königreichs Norwegen. Sie ist entschlossen, von jetzt ab mit ihren Machtmitteln den Frieden im Norden gegen jeden englisch-französischen Angriff zu verteidigen und endgültig sicherzustellen".

Nach einigen weiteren Begründungen, die der Rechtfertigung des deutschen Vorgehens dienen sollen[266], wird Norwegen abschließend noch einmal gewarnt[267]: „Die Reichsregierung erwartet daher, daß die königlich norwegische Regierung und das norwegische Volk dem deutschen Vorgehen Verständnis entgegenbringen und ihm keinerlei Widerstand entgegensetzen. Jeder Widerstand müßte und würde von den eingesetzten deutschen Streitkräften mit allen Mitteln gebrochen werden und daher nur zu einem völlig nutzlosen Blutvergießen führen. Die königlichnorwegische Regierung wird deshalb ersucht, mit größter Beschleunigung alle Maßnahmen zu treffen, um sicherzustellen, daß das Vorgehen der deutschen Truppen ohne Reibung und Schwierigkeiten erfolgen kann"[268]. Sieht man den Wortlaut der Memoranden in Verbindung mit den bei der Überreichung von den beiden deutschen Gesandten mündlich vorgetragenen Erläuterungen aus der Weisung des Reichsaußenministeriums[269], so kommt man dazu, in ihm ebenfalls eine Erklärung

---

die erforderliche Distanz. Wenig sachlich mutet zum Beispiel seine Behauptung (a.a.O., S. 58) an, Hitlers Invasion Dänemarks „could have no other purpose than to stop the export of Danish butter, bacon, and eggs to England".

[265] *Hubatsch*, „Weserübung", Anhang L 9, S. 511.

[266] *Hubatsch*, Deutschland und Norwegen 1940, in: Unruhe des Nordens, S. 177 ff., läßt die Frage nach der Völkerrechtswidrigkeit des deutschen Vorgehens offen. Er betont die Rechtswidrigkeit des Auslegens der englischen Minen in norwegischen Hoheitsgewässern am 8. April 1940, wirft aber die Frage auf, ob nicht von deutscher Seite daraufhin besser noch ein diplomatischer Schritt erfolgt wäre, der vor dem warnungslosen Überfall deutsche Gegenaktionen angekündigt hätte.

[267] *Hubatsch*, „Weserübung", Anhang L 9, S. 511 ff.

[268] Eine weitere Rechtfertigung der deutschen Operationen gegen Norwegen und Dänemark versuchte Reichsaußenminister von Ribbentrop in einer Erklärung vor der Auslandspresse in Berlin am 9. April 1940 zu geben. Dabei veröffentlichte er auch Details über alliierte Pläne bezüglich militärischer Aktionen gegen Skandinavien, die nach seiner Darstellung auch die völlige Besetzung Schwedens umfaßten. Text der Erklärung: Das Archiv 73 (April 1940), S. 85 ff.

[269] *Koht*, a.a.O., S. 75, schildert die Übermittlung dieses Hinweises durch den deutschen Gesandten Dr. Bräuer folgendermaßen: „He began to argue you with a certain vehemence that he must have the answer at once, because

mit Forderung, Fristsetzung und Ankündigung eigener Maßnahmen zu sehen. Diese Ankündigung ist wie in den vorher behandelten Fällen nicht als bedingte Kriegserklärung anzusehen. Zunächst ist festzuhalten, daß die deutschen militärischen Maßnahmen gegen Norwegen und Dänemark bereits begonnen hatten, als den beiden Regierungen in den frühen Morgenstunden des 9. April 1940 die Note überreicht wurden[270]. Dabei wurde von deutscher Seite ausdrücklich betont, der Einmarsch der deutschen Truppen erfolge nicht in feindseliger Gesinnung[271]. Beide Gesandten waren in einer Weisung des Reichsaußenministers dazu angehalten worden, diese bindenden Zusicherungen bei der Übergabe der Note besonders zu betonen[272].

Dänemark erklärte sich daraufhin zur Annahme der deutschen Bedingungen bereit und hob dabei die gegebenen Zusicherungen ausdrücklich hervor[273]. In der Folgezeit haben in Dänemark die Regierung und auch Gerichte den Standpunkt vertreten, daß der Kriegszustand zwischen Dänemark und Deutschland nicht mit dem Einmarsch der deutschen Truppen am 9. April 1940 sondern erst mit dem 23. August 1943, dem Tag der Änderung des Besetzungsstatuts begonnen habe[274]. Hubatsch kommt zu dem Ergebnis, daß die dänische Souveränität bis zur Übernahme der Regierungsgewalt durch den deutschen Reichsbevollmächtigten Dr. Best im September 1943 bestanden habe[275].

Daraus läßt sich entnehmen, daß die deutschen Erklärungen, die den Einsatz militärischer Verbände ankündigten, nicht als Kriegserklärung aufgefaßt wurden. Aber auch die darüberhinaus für den Fall der Nichtannahme der deutschen Forderungen angedrohten Maßnahmen zwingen nicht zur Annahme einer bedingten Kriegserklärung. Immerhin war das deutsche Argument, es handle sich um Sicherungsmaßnahmen, insoweit zutreffend, als Deutschland einer fast gleichartigen britischen Maßnahme nur um wenige Stunden zuvorgekommen war[276]. Die Feststellung eines animus belligerendi auf deutscher Seite für den Fall des Widerstandes ist mithin nicht mit Sicherheit möglich, da die Auffassung, man handele im Rahmen einer völkerrechtsgemäßen Notwehrmaßnahme, vorgelegen haben kann.

---

military operations were already in progress and the German forces had been ordered to complete the occupation of the places specified before nine o'clock of that morning."

[270] *Hubatsch,* „Weserübung", S. 128, 140.
[271] *Hubatsch,* „Weserübung", Anhang L 9, S. 511/512.
[272] Text der Anweisung bei *Hubatsch,* „Weserübung", Anhang L 8, S. 506.
[273] Text der dänischen Antwortnote bei *Hubatsch,* „Weserübung", S. 129.
[274] Vgl. die Nachweise bei *Guggenheim,* a.a.O., Bd. II, S. 816, Anm. 149; *Mosler,* Artikel „Kriegsbeginn" bei *Strupp - Schlochauer,* a.a.O., Bd. II, S. 329.
[275] Um die dänische Souveränität, in: Unruhe des Nordens, S. 188 ff.
[276] *Gebhardt - Grundmann,* a.a.O., Bd. IV, S. 261.

Damit steht auch nicht in Widerspruch, daß die sich in der Folgezeit anschließenden militärischen Auseinandersetzungen mit Norwegen von deutscher Seite offenbar als Kriegshandlungen angesehen wurden, wie sich aus einem Tagesbefehl Hitlers vom 30. April 1940 an die deutschen Truppen in Norwegen entnehmen läßt. Dieser Tagesbefehl beginnt mit den Worten „Soldaten des norwegischen Kriegsschauplatzes"[277]. Dies läßt sich vielleicht damit begründen, daß die norwegische Regierung am Abend des 10. April 1940 einen Aufruf zum militärischen Widerstand erlassen hatte[278], der von den norwegischen Truppen befolgt wurde. Dieser Aufruf gibt einen Anhaltspunkt dafür, daß auf der Seite der Norweger ein animus belligerendi vorhanden war, der ausreichen würde, um den Kriegszustand herbeigeführt zu haben, da die vorerwähnte Absicht nur bei einer der beteiligten Parteien vorliegen muß.

Die Forderung ging genau wie im Falle des deutschen Ultimatums an die Tschechoslowakei auf widerstandslose Hinnahme der von Deutschland geplanten Aktionen und darüberhinaus auf bereitwillige Mitarbeit der beiden betroffenen Länder bei diesen Maßnahmen[279]. Ebenso wie im Falle der Tschechoslowakei, wenn auch weniger massiv, war angekündigt worden, daß etwaiger Widerstand mit allen Mitteln gebrochen würde[280].

Zwar ist eine Frist in den beiden deutschen Noten an Dänemark und Norwegen nicht in der Form der Angabe eines bestimmten Datums oder einer bestimmten Uhrzeit gesetzt worden; der durch die Erklärung ausgelöste Zeitdruck ist jedoch noch schwererwiegend, da durch die Forderung nach sofortiger Beantwortung von beiden Staaten praktisch eine unverzügliche Reaktion verlangt wurde. Auch in dieser Form der zeitlichen Beschränkung ist ein als Fristsetzung ausreichendes Element zu erblicken.

Die Bezeichnung der beiden Noten als Ultimaten[281] bekräftigt mithin ein weiteres Mal die bisher bereits in weitem Umfang bestätigt gefundene Auffassung der Mittelmeinung.

6. Die Erklärungen der Siegermächte auf der Versailler Friedenskonferenz von 1919 und von 1921 in London

Sowohl die Note der Siegermächte vom 16. Juni 1919 als auch die Londoner Erklärung von 1921 sind unter dem hier interessierenden Ge-

---

[277] Das Archiv 73, April 1940, S. 19.
[278] *Hubatsch*, „Weserübung", S. 143.
[279] Die Aufzählung dieser Maßnahmen findet sich besonders in der Erklärung zu der deutschen Note vom 9. April 1940; vgl. *Hubatsch*, „Weserübung", Anhang L 10, S. 512 ff.
[280] *Hubatsch*, „Weserübung", Anhang L 9, S. 511.
[281] *Hubatsch*, „Weserübung", S. 140; *Koht*, a.a.O., S. 67.

sichtspunkt bisher in der Literatur nicht näher untersucht worden. Auch sie gehören in die Reihe der in diesem Abschnitt behandelten völkerrechtlichen Erklärungen[282].

(a) Die Versailler Friedenskonferenz von 1919

Nachdem am 11. November 1918 der Waffenstillstandsvertrag zwischen den Alliierten und Deutschland unterzeichnet worden war, begann am 19. Januar 1919 in Paris die Friedenskonferenz. Die unter Führung des Reichsaußenministers Graf Brockdorff-Rantzau stehende deutsche Delegation wurde in Versailles an den Verhandlungen selbst nicht beteiligt. Am 7. Mai 1919 überreichte Clemenceau als Präsident der Friedenskonferenz der deutschen Delegation den bereits festgelegten Entwurf des Friedensvertrages mit dem Hinweis, daß es mündliche Diskussionen über den Entwurf nicht geben werde[283], die deutsche Delegation habe sich auf schriftliche Äußerungen zu beschränken.

In einer Antwortrede verurteilte Brockdorff-Rantzau besonders die Kriegsschuldthese und die Verletzung des Vorfriedensvertrages[284] und der vierzehn Punkte Wilsons durch die Alliierten[285]; dieser Verurteilung schlossen sich die Reichregierung und Reichspräsident Ebert in einem gemeinsamen Aufruf an das deutsche Volk am 8. Mai 1919 an[286].

In den folgenden Wochen versuchte Brockdorff-Rantzau eine Milderung der Bestimmungen des Vertragsentwurfes zu erreichen[287]. Die Siegermächte nahmen daraufhin zwar einige Änderungen vor, die besonders dem Einfluß des britischen Premierministers Lloyd George zu verdan-

---

[282] Einzelheiten der Darstellung sind entnommen *Gebhardt - Grundmann*, a.a.O., Bd. IV, § 24. Versailles, und *Rönnefarth - Euler*, a.a.O., Bd. IV, S. 40 ff., Vorgeschichte des Versailler Friedensvertrages.

[283] Wortlaut der Rede des französischen Ministerpräsidenten bei der Überreichung der Friedensbedingungen bei *Berber*, Das Diktat von Versailles, Bd. I, S. 51 f.

[284] Dem Waffenstillstandsabkommen von Compiègne vom 11. November 1918 war in der Zeit vom 3. Oktober 1918 bis 5. November 1918 ein längerer Notenwechsel zwischen dem amerikanischen Präsidenten Wilson und der deutschen Reichsregierung vorausgegangen (abgedruckt bei *Berber*, Das Diktat von Versailles, Bd. I, S. 8 ff.). Darin war vereinbart worden, daß die von Wilson verkündeten 14 Punkte Grundlage des Friedensschlusses sein sollten. Die in dem Notenwechsel getroffenen Vereinbarungen werden allgemein als Vorfriedensvertrag bezeichnet.

[285] Auszüge der Rede bei *Rönnefarth - Euler*, a.a.O., Bd. IV, S. 601 ff.

[286] Wortlaut des Aufrufes bei *Berber*, Das Diktat von Versailles, Bd. I, S. 56 f.

[287] Der Notenwechsel um diese Bemühungen findet sich bei *Berber*, Das Diktat von Versailles, Bd. I, S. 57 ff.

ken waren[288], im wesentlichen blieb der Entwurf vom 7. Mai 1919 jedoch unverändert. Die endgültigen Bestimmungen wurden der deutschen Delegation am 16. Juni 1919 zusammen mit einer Note der Alliierten übergeben.

In dieser Note[289] wird erneut nachdrücklich auf die Kriegsschuld Deutschlands hingewiesen[290]. Daneben wiederholen die Alliierten ihre Absicht, Kriegsentschädigung bis zur äußersten Grenze der Leistungsfähigkeit Deutschlands zu fordern[291]. Im Schlußteil der Note heißt es[292]: „Zum Schluß müssen die alliierten und assoziierten Mächte es offen aussprechen, daß dieser Brief und die angeschlossene Denkschrift ihr letztes Wort in der Angelegenheit darstellen. In diesem Sinne muß der Friede in seiner jetzigen Gestalt angenommen oder abgelehnt werden.

Die alliierten und assoziierten Mächte fordern daher eine Erklärung der deutschen Delegation binnen fünf Tagen, vom Datum dieser Mitteilung, daß sie bereit ist, den Vertrag in seiner heutigen Gestalt zu unterzeichnen[293].

Wenn die Delegation innerhalb dieser Frist Bereitschaft erklärt, den Vertrag in seiner jetzigen Gestalt zu unterzeichnen, so werden Vorbereitungen für die sofortige Unterzeichnung des Friedens in Versailles getroffen werden.

Mangels einer solchen Erklärung stellt diese Mitteilung die Notifikation dar, welche in Artikel 2 der Vereinbarung vom 16. Februar 1919[294] über die Verlängerung des Waffenstillstandes, gezeichnet am 11. November 1918 und bereits verlängert durch die Vereinbarungen vom 13. De-

---

[288] *Rönnefarth - Euler,* a.a.O., Bd. IV, S. 41.

[289] Wortlaut der Note bei *Berber,* Das Diktat von Versailles, Bd. I, S. 69 ff.

[290] „Indessen beschränkt sich die Verantwortlichkeit Deutschlands nicht auf die Tatsache, den Krieg gewollt und entfesselt zu haben. Deutschland ist in gleicher Weise für die rohe und unmenschliche Art, auf die er geführt worden ist, verantwortlich" *(Berber,* Das Diktat von Versailles, Bd. I, S. 70).

[291] *Berber,* Das Diktat von Versailles, Bd. I, S. 73.

[292] *Berber,* Das Diktat von Versailles, Bd. I, S. 75 f.

[293] Es handelte sich dabei um die Paraphierung durch die deutsche Delegation; wie sich aus Artikel 440 des Versailler Vertrages ergibt, war danach eine Ratifikation erforderlich. Der Vertrag sollte mit der Hinterlegung der Ratifikationsurkunden durch das Deutsche Reich und drei alliierte und assoziierte Hauptmächte in Kraft treten (Artikel 440 Versailler Vertrag). Die Ratifikation durch Deutschland erfolgte am 9. Juli 1919 (Reichsanzeiger Nr. 154 vom 11. Juli 1919).

[294] In dem ursprünglichen Waffenstillstandsabkommen und in den folgenden Vereinbarungen waren jeweils Kündigungsmöglichkeiten vorgesehen. Die Kündigung mußte den anderen Vertragsparteien zur Kenntnis gebracht werden *(Berber,* Diktat von Versailles, Bd. I, S. 25). Bei der in der Note vom 16. Juni 1919 erwähnten Notifikation handelt es sich um diese Mitteilung der Kündigung.

zember 1918 und 16. Januar 1919, enthalten ist. Der genannte Waffenstillstand wird damit beendet sein und die alliierten und assoziierten Mächte werden diejenigen Schritte ergreifen, die sie zur Erzwingung ihrer Bedingungen für erforderlich halten".

In der deutschen Note vom 22. Juni 1919[295] findet sich als Antwort auf diesen Abschnitt der alliierten Note der Satz[296]: „Die alliierten und assoziierten Regierungen haben die Regierung der Deutschen Republik durch ein am 23. Juni 1919 ablaufendes Ultimatum vor die Entscheidung gestellt, den von ihnen vorgelegten Friedensvertrag zu unterzeichnen oder die Unterzeichnung zu verweigern. Für den letzteren Fall wurde ein völlig wehrloses Volk mit der zwangsweisen Auferlegung der geforderten Friedensbedingungen und der Vermehrung der schweren Lasten bedroht".

Dieser offiziellen Beurteilung der alliierten Note als Ultimatum durch die deutsche Friedensdelegation hat sich die allgemeine Meinung angeschlossen[297].

Auch dieses diplomatische Dokument gehört zu den Erklärungen mit Forderung, Fristsetzung und Ankündigung bestimmter Folgen für den Fall der Nichtannahme. Die in der Note enthaltene aufschiebend bedingte Kündigung des Waffenstillstandsvertrages führt dazu, dieses Ultimatum nicht zu denjenigen mit bedingter Kriegserklärung zu rechnen. Der Kriegszustand zwischen den Vertragsparteien war durch den Waffenstillstand nicht beendet worden[298], er konnte also nicht mehr herbeigeführt werden. Mit der Bezeichnung dieser Note als Ultimatum wird die Auffassung der Mittelmeinung erneut bestätigt.

(b) Die Londoner Erklärung vom 5. Mai 1921

In Paris tagten im Januar 1921 Vertreter der Alliierten, um über finanzielle Probleme und die aus Art. 231 ff. des Versailler Friedensvertrages herrührenden Reparationsverpflichtungen Deutschlands zu bera-

---

[295] Wortlaut bei *Berber,* Das Diktat von Versailles, Bd. I, S. 81 ff.

[296] Bei *Berber,* Das Diktat von Versailles, Bd. I, S. 82.

[297] *Gebhardt - Grundmann,* a.a.O., Bd. IV, S. 110; *Rönnefarth - Euler,* a.a.O., Bd. IV, S. 41; *Berber,* Das Diktat von Versailles, Bd. I, S. 102; *Eyck,* Geschichte der Weimarer Republik, S. 139.

[298] Da der Kriegszustand durch einen Waffenstillstandsvertrag nicht beendet wird (*Berber,* Lehrbuch des Völkerrechts, Bd. II, S. 84; *v. d. Heydte,* a.a.O., Bd. II, S. 228; *Verdroß,* a.a.O., S. 360), sondern nur die Einstellung der Kampfhandlungen bei Fortdauer des Krieges bewirkt wird, handelt es sich auch hier nicht um eine bedingte Kriegserklärung. Die Note der Alliierten stellt in diesem Punkte vielmehr die aufschiebend bedingte Kündigung des Waffenstillstandsvertrages dar.

ten. Die Lage in Europa wurde durch einen allgemeinen Währungsverfall in allen Staaten gekennzeichnet[299]. Durch deutsche Zahlungen hofften die Siegermächte, in ihren Ländern Erleichterungen zu schaffen. Ohne die Beteiligung Deutschlands wurde deshalb, wenn auch nach heftigen französisch-englischen Auseinandersetzungen[300], folgendes beschlossen[301]: innerhalb von 42 Jahren sollte Deutschland insgesamt 269 Milliarden Goldmark und für dieselbe Zeit eine weitere Abgabe von zwölf Prozent des jährlichen Exportertrages an die ehemaligen Gegner zahlen. Zu diesem Beschluß sollte Deutschland auf einer Konferenz in London Stellung nehmen. Für die vom 21. Februar bis 14. März in London tagende Konferenz arbeitete man von deutscher Seite eigene Vorschläge aus, die darauf hinausliefen, daß Deutschland Zahlungen von tatsächlich nur noch rd. 30 Milliarden Goldmark zu leisten hatte[302]. Die Alliierten waren über dieses Angebot, das nach ihrer Auffassung keine mögliche Verhandlungsgrundlage darstellte, entrüstet und brachen die Verhandlungen mit Deutschland am 7. März 1921 ab[303].

Am 27. April 1921 verringerte die Reparationskommission ihre Forderung und setzte die deutschen Reparationsverpflichtungen auf nunmehr insgesamt 132 Milliarden Goldmark fest[304]. Um neue Verhandlungen über diese Festsetzung auszuschließen, faßten Großbritannien, Frankreich, Italien, Belgien und Japan am 5. Mai 1921 in London einen gemeinsamen Beschluß, in dem sie die mangelnde Erfüllung der deutschen Verpflichtungen kritisierten[305]. Wörtlich heißt es in dem Beschluß[306]: „Sie (d. h. die beteiligten Staaten; der Verf.) beschließen deshalb

A. heute bereits alle vorbereitenden Maßregeln zu ergreifen, welche zur Besetzung des Ruhrtales durch die verbündeten Truppen am Rhein nötig sind, und zwar unter den in D. vorgesehenen Bedingungen;

B. gemäß Artikel 233 der deutschen Regierung unverzüglich Zeiten und Bedingungen für die Begleichung der deutschen Schuld in ihrer Gesamtheit mitzuteilen und ihre darauf bezügliche Entschließung der deutschen Regierung bis spätestens 5. Mai bekanntzugeben;

---

[299] Einzelheiten der Darstellung entnommen bei *Gebhardt - Grundmann*, a.a.O., Bd. IV, § 27, Die Reparationen, und *Rönnefarth - Euler*, a.a.O., Bd. IV, S. 57 ff.

[300] Wie in Versailles drängte England auf Mäßigung.

[301] Dazu *Rönnefarth - Euler*, a.a.O., Bd. IV, S. 57 ff.

[302] *Rönnefarth - Euler*, a.a.O., Bd. IV, S. 58.

[303] *Stampfer*, Die ersten 14 Jahre der Deutschen Republik, S. 223.

[304] *Gebhardt - Grundmann*, a.a.O., Bd. IV, S. 122.

[305] Text und Vorgeschichte des Beschlusses bei *Rönnefarth - Euler*, a.a.O., Bd. IV, S. 64 ff.

[306] *Rönnefarth - Euler*, a.a.O., Bd. IV, S. 65.

C. die deutsche Regierung aufzufordern, innerhalb einer Frist von 6 Tagen nach Empfang der obigen Entschließung klipp und klar zu erklären, daß sie entschlossen ist:

   1. ohne Vorbehalt der Bedingungen ihre Verpflichtungen zu erfüllen, wie sie von der Reparationskommission festgelegt werden;

   2. ohne Vorbehalt oder Bedingungen hinsichtlich ihrer Verpflichtungen die von der Reparationskommission vorgeschriebenen Sicherheiten anzunehmen und durchzuführen;

   3. ohne Vorbehalt und unverzüglich die Maßregeln zwecks Abrüstung . . . durchzuführen;

   4. ohne Vorbehalt und unverzüglich die Aburteilung der Kriegsverbrecher vorzunehmen;

D. am 12. Mai zur Besetzung des Ruhrtales zu schreiten und alle anderen militärischen Maßregeln zu Wasser und zu Lande zu ergreifen bei Nichterfüllung der obigen Bedingungen durch die deutsche Regierung. Diese Besetzung wird so lange dauern, bis Deutschland die unter C. aufgezählten Bedingungen erfüllt haben wird".

Die angedrohte Besetzung des Ruhrgebiets, die dann tatsächlich im Januar 1923 erfolgte, stellt keine kriegerische Maßnahme dar. Sie diente vielmehr nur der vor allem von Frankreich verfolgten Politik der „produktiven Pfänder"[307], mit der Deutschland zur Zahlung der geforderten Reparationen angehalten werden sollte. Die angedrohten Zwangsmaßnahmen sollten jedoch schon 1921 bei voller Aufrechterhaltung der friedlichen Beziehungen durchgeführt werden; ihr Ziel war die Durchsetzung der den Alliierten zustehenden Forderungen.

Soweit die Londoner Erklärung in der Literatur behandelt wird, sieht man darin übereinstimmend ein Ultimatum[308], womit sich jene Terminologie wiederholt, die Erklärungen mit Forderung, Fristsetzung und Inaussichtstellen bestimmter Folgen für den Fall der Nichtannahme mit diesem Begriff bezeichnet.

7. Die alliierte Aufforderung an Japan vom 26. Juli 1945

Während der Kampf auf dem europäischen Kriegsschauplatz bereits am 8./9. Mai 1945 durch die bedingungslose deutsche Kapitulation be-

---

[307] Dieser Ausdruck geht auf Poincaré zurück; vgl. *Gebhardt - Grundmann*, a.a.O., Bd. IV, S. 130. — Die Regierung Fehrenbach trat aus Anlaß der Krise am 4. Mai 1921 zurück. Die unter dem ehemaligen Finanzminister Wirth gebildete neue Regierung erklärte sich am 10. Mai 1921 bereit, die Bedingungen des Londoner Beschlusses anzunehmen.

[308] *Rönnefarth - Euler*, a.a.O., Bd. IV, S. 64; *Gebhardt - Grundmann*, a.a.O., Bd. IV, S. 122; *Berber*, Das Diktat von Versailles, Bd. II, S. 1276.

endet wurde, dauerten die Auseinandersetzungen mit Japan im Fernen Osten noch an[309], nachdem die seit etwa Februar 1945 über Moskau lau-

---

[309] Die militärischen Auseinandersetzungen der Westmächte mit Japan hatten mit dem japanischen See- und Luftangriff auf Pearl Harbor am 7. Dezember 1941 begonnen. Streitig ist die Frage, ob dem ein amerikanisches oder japanisches Ultimatum vorausging. *Hill,* Was there an ultimatum before Pearl Harbor?, AJIL 42 (1948), S. 362 ff., untersucht die diplomatischen Beziehungen zwischen den beiden Staaten in den Monaten vor Pearl Harbor. Zu der japanischen Note vom 20. November 1941 und der US-Note vom 26. November 1941 sagt *Hill* (AJIL 42 (1948), S. 362): „Neither the two notes appeared to seek a termination of the deadlock by the submission of an ultimatum; at least there was nothing in their tone or content to indicate that such a procedure was being employed. Certainly neither contained a conditional declaration of war. There was nothing in either document to suggest the sort of finality that is characteristic of ultimatums." Präsident Roosevelt betonte in seiner Ansprache vor dem Kongreß (AJIL 36 (1942), Supplement, S. 22), daß die Vereinigten Staaten „was at peace with that nation and, at the sollicitation of Japan, was still in conversation with its Government and its Emperor looking toward the maintenance of peace in the Pacific".

Für die amerikanische Seite trafen diese Feststellungen Roosevelts zu: die Note des US-Außenministeriums vom 26. November 1941 enthielt ein Zehn-Punkte-Programm (Wortlaut der Note, AJIL 36 (1942), Supplement, S. 44 ff.) zur Lösung der Streitfragen im Fernen Osten, nicht aber Andeutungen einer Drohung oder der bevorstehenden Beendigung der Verhandlungen.

Hill, AJIL 42 (1948), S. 362, weist zutreffend darauf hin, daß nach dem Charakter der Note der Eindruck entstehen konnte, die Gespräche würden endlos fortgesetzt. Zwar hielt die japanische Öffentlichkeit, bewußt im Unklaren belassen, die amerikanische Note für ein Ultimatum (vgl. den Bericht des US-Botschafters in Tokio, Joseph *Grew,* Ten years in Japan, S. 485 ff., und Turbulent Era, Bd. II, S. 1248, Anm. 4), eine offizielle japanische Stellungnahme in diesem Sinne fehlt jedoch (*Hill,* AJIL 42 (1948), S. 364 ff.). Grew selbst und ein aus Vertretern beider Häuser bestehendes Joint Committee on the Investigation of the Pearl Harbor Attack sehen in der US-Note kein Ultimatum (vgl. *Grew,* Turbulent Era, Bd. II, S. 1248; ebenso: *Rauch,* Roosevelt from Munich to Pearl Harbor, S. 400 ff.; unbestimmt *Beard,* President Roosevelt and the Coming of the War, S. 564, der die amerikanische Note bezeichnet als „if not an ultimatum, at least so ultimative in character as to offer a trifling chance, if any, of maintaining peace in the Pacific"). Die japanische Note vom 20. November 1941 enthielt aus amerikanischer Sicht ebensowenig eine endgültige Festlegung durch die Japaner. Man wußte wohl aus aufgefangenen Codefunksprüchen, daß die Japaner eine zeitliche Befristung für sich selbst gesetzt hatten, die aber auch wieder geändert wurde; vgl. *Hill,* AJIL 42 (1948), S. 365 ff. Darin lag jedoch keine offizielle Mitteilung; die Tatsache, daß die USA den japanischen Code besaßen und folglich über die japanischen Absichten informiert waren, war den Japanern unbekannt. Die Geheiminstruktionen, die nach dem Willen der Japaner den USA nicht bekannt werden sollten — das darf man wohl aus der Verwendung des Geheimcodes entnehmen — dürfen bei der Beurteilung der Note nicht berücksichtigt werden, da der offizielle Text allein maßgeblich ist und aus ihm „the intention of apprising the United States of its ultimativ character" nicht hervorging (*Hill,* AJIL 42 (1948), S. 366).

Demnach ist festzustellen, daß weder von japanischer noch von amerikanischer Seite vor Pearl Harbor ein Ultimatum gestellt worden ist. Es ist dabei gleichgültig, welcher der im ersten Abschnitt dargestellten Meinungen über den Begriff des Ultimatums man folgen will, denn die Noten enthielten weder eine bedingte Kriegserklärung noch eine Androhung sonstiger Maßnahmen oder auch nur die letztmalige Stellung von Forderungen, noch eine Fristsetzung.

fenden japanischen Versuche, Verhandlungen mit den Amerikanern und Briten anzuknüpfen, fehlgeschlagen waren[310].

Am 1. Juni 1945 hatte sich Stalin bei einem Besuch des Beraters des verstorbenen Präsidenten Roosevelt, Harry Hopkins, bereit erklärt, an einem Treffen mit Churchill und dem neuen amerikanischen Präsidenten Truman teilzunehmen[311]. Als Tagungsort für die Mitte Juli zu eröffnende Konferenz hatte er den Westmächten Berlin vorgeschlagen[312].

Am 17. Juli erhielt Churchill in Potsdam von Truman die Nachricht über die am Vortage in den USA durchgeführte erste erfolgreiche Erprobung einer Atombombe[313]. Für Churchill und Truman ergab sich nunmehr die Aussicht, „ein oder zwei zerschmetternde Schläge könnten den Krieg beenden"[314]. Vor allem wuchs die Hoffnung, auch ohne sowjetische Unterstützung den immer noch verbissenen Widerstand der Japaner kurzfristig brechen zu können.

Nach langen Beratungen einigten sich Truman und Churchill darauf, „den Japanern ein Ultimatum zu stellen"[315]. Das Dokument wurde am Abend des 26. Juli 1945 vom amerikanischen Präsidenten von Berlin aus als gemeinsame Proklamation erlassen[316]. Neben Truman und Churchill unterzeichnete auch General Tschiang-Kai-shek für China[317]. Die Erklärung wurde auf dem üblichen diplomatischen Wege über die Schutzmächte Schweden und die Schweiz an Japan weitergeleitet, außerdem wurde sie ständig über Rundfunk und durch Abwurf von Flugblättern bekannt gemacht[318].

In der Erklärung führen die Alliierten aus, daß Japan eine Gelegenheit erhalten solle, den Krieg zu beenden. Gleichzeitig weisen sie darauf hin, daß der Einsatz der ihnen zur Verfügung stehenden militärischen Macht die restlose Vernichtung der japanischen Streitkräfte und die völlige Verwüstung des japanischen Mutterlandes zur Folge haben werde. Im Text der Erklärung heißt es dann wörtlich[319]: „Es folgen unsere Bedingungen. Wir werden von ihnen nicht abgehen. Es gibt keinen anderen Ausweg. Wir lassen keinen Aufschub zu". In acht Punkten folgen dann die Forderungen und Bedingungen der drei alliierten Mächte:

---

[310] *Rönnefarth - Euler*, a.a.O., Bd. IV, S. 268.
[311] *Churchill*, a.a.O., S. 847.
[312] *Rönnefarth - Euler*, a.a.O., Bd. IV, S. 271.
[313] *Churchill*, a.a.O., S. 852.
[314] *Churchill*, a.a.O., S. 853.
[315] *Churchill*, a.a.O., S. 855.
[316] *Truman*, Memoiren, Bd. I, S. 394.
[317] Der Text der Erklärung findet sich im Europa-Archiv 1946/47, S. 406.
[318] *Truman*, a.a.O., Bd. I, S. 402; *Churchill*, a.a.O., S. 855.
[319] Europa-Archiv 1946/47, S. 406.

darunter sind u. a. die Besetzung gewisser Stellen des japanischen Territoriums zum Zwecke der Einführung und Sicherung einer neuen Ordnung in Japan, Entwaffnung der japanischen Streitkräfte, Reparations-
leistungen und Verbleib der alliierten Besatzungskräfte in Japan bis zur
Erreichung dieser Ziele. Die Note fährt dann fort[320]: „Wir verlangen von
der japanischen Regierung, sofort die bedingungslose Übergabe aller be-
waffneten japanischen Streitkräfte anzuordnen und geeignete und ange-
messene Sicherheiten für die Durchführung zu stellen. Für Japan bleibt
keine andere Lösung, es sei denn die vollständige totale Vernichtung".

Diese Erklärung ist von Truman und Churchill als Ultimatum beabsichtigt und auch bezeichnet worden[321]. Zwischen allen beteiligten Mächten bestand zum Zeitpunkt der Abgabe der Erklärung der Kriegszustand,
so daß die Potsdamer Erklärung eine bedingte Kriegserklärung nicht
enthalten kann[322]. Diese Tatsache ist insofern bedeutsam, als sich daraus — berücksichtigt man die Auffassung Churchills und Trumans, es
handele sich um ein Ultimatum — erneut ganz eindeutig ergibt, daß in
der Staatenpraxis Ultimatum und bedingte Kriegserklärung nicht gleich-
gesetzt werden.

Die Merkmale der Potsdamer Erklärung sind Forderung, Drohung und
schließlich auch eine Fristsetzung. Zwar ist diese Frist nicht in die Form
der genauen Festlegung eines Datums gekleidet, durch die Forderung
nach sofortiger Anordnung der Kapitulation ist jedoch auch die Zeit für
die Beantwortung dieser Erklärung beschränkt und fixiert[323]. Die Japaner
haben dann auch diese Forderung nach sofortiger Beantwortung als einzige erfüllt. Bereits am 28. Juli, also zwei Tage nach der Abgabe der Erklärung in Potsdam reagierte der japanische Rundfunk mit der Mitteilung, daß die alliierte Forderung „absurd, anmaßend und der Beachtung
unwürdig sei", und daß die japanische Regierung entschlossen sei, den
Kampf fortzusetzen[324].

Abschließend ist zu der Potsdamer Erklärung zu sagen, daß durch ihre
Bezeichnung als Ultimatum die bisher untersuchte und festgestellte Terminologie bestätigt wird.

---

[320] Europa-Archiv 1946/47, S. 406.

[321] *Churchill*, a.a.O., S. 855; *Truman*, a.a.O., Bd. I, S. 394; ebenso *Rönnefarth - Euler*, a.a.O., Bd. IV, S. 267.

[322] Seit dem Angriff auf Pearl Harbor betrachteten sich die USA als mit
Japan im Kriege befindlich, vgl. die Kongreßbotschaft Roosevelts, AJIL 36
(1942), Supplement, S. 22 ff.; an diesem Tage hatte auch Großbritannien
Japan den Krieg erklärt, *Churchill*, a.a.O., S. 445; zwischen Japan und China
herrschte seit 1937 Krieg.

[323] Ein ähnlicher Fall mit der Forderung nach unverzüglicher Beantwortung war bereits bei den deutschen Ultimaten an Dänemark und Norwegen
gegeben.

[324] *Truman*, a.a.O., Bd. I, S. 402.

c) Das Ultimatum als unzweideutig formulierte Frage oder Forderung

Die Auffassung, die ein Ultimatum als eine dringende Form der Erklärung mit oder ohne Fristsetzung[325] ansieht, ist auf die völkerrechtliche Literatur beschränkt. In der völkerrechtlichen Praxis findet sie sich nur gelegentlich und als einseitige Behauptung.

Ein derartiger Ausnahmefall taucht in den Godesberger Besprechungen zwischen Hitler und Chamberlain über die tschechoslowakische Frage am 22./23. September 1938 auf[326]. Im Verlauf dieser Gespräche wurde dem britischen Premierminister ein deutsches Memorandum übergeben[327]. In diesem Memorandum, das Chamberlain der tschechoslowakischen Regierung übermitteln sollte[328], macht die deutsche Reichsregierung der tschechoslowakischen Regierung bestimmte Vorschläge[329], die innerhalb verschiedener Zeiträume zu erfüllen seien[330]. Chamberlain reagierte auf dieses Memorandum mit der Bemerkung, daß es sich der Form nach um ein Ultimatum, nicht aber um ein Verhandlungsdokument handele[331]. Dies wurde sofort von Hitler bestritten[332].

Die Auffassung Chamberlains wird auch in der Literatur nicht geteilt[333]. In seiner Bezeichnung des Memorandums, das aus Forderungen und Fristsetzungen besteht, wird der britische Premierminister von keiner Seite bestätigt.

Weitere Beispiele der Völkerrechtspraxis für die Auffassung, die bei dem ausschließlichen Vorliegen von Forderung und Fristsetzung in einer Erklärung von einem Ultimatum spricht, waren nicht feststellbar.

---

[325] Vgl. oben Anm. 24.

[326] Darstellungen bei *Celovsky*, a.a.O., S. 393 ff.; *Rönnefarth*, a.a.O., Bd. I, S. 581 ff.

[327] Wortlaut des Memorandums, ADAP, Serie D, Bd. II, S. 724 ff.

[328] Vgl. die Anlage zu dem deutschen Memorandum, ADAP, Serie D, Bd. II, S. 726.

[329] Z. B. Übergabe gewisser tschechischer Gebiete, Amnestie für volksdeutsche politische Gefangene, Volksabstimmung über Grenzkorrekturen in gewissen Gebieten.

[330] Die Territorialveränderungen sollten bis 1. Oktober 1938 erfolgen, die Volksabstimmung sollte spätestens am 25. November 1938 stattfinden.

[331] ADAP, Serie D, Bd. II, S. 721.

[332] ADAP, Serie D, Bd. II, S. 721; *Schmidt*, a.a.O., S. 412, schildert die wenig überzeugende Begründung Hitlers: „Es steht ja Memorandum darüber und nicht Ultimatum."

[333] *Rönnefarth - Euler*, a.a.O., Bd. IV, S. 155, sprechen von dem Memorandum unter ausdrücklicher Hervorhebung als von einem „Ultimatum"; *Holldack*, a.a.O., S. 97, beschränkt sich darauf, festzustellen, daß das Memorandum einem Ultimatum glich; die in Anm. 211 und 215 genannten Spezialwerke verwenden die Bezeichnung überhaupt nicht.

V. Zwischenergebnis

Die bisherige Untersuchung läßt sich in folgendem Zwischenergebnis zusammenfassen: In der völkerrechtlichen Literatur sind drei verschiedene Auffassungen des Begriffes Ultimatum feststellbar. Der Begriff dient zur Bezeichnung von drei unterschiedlichen Formen völkerrechtlicher Erklärungen, die untereinander in einem logischen Stufenverhältnis (Ultimatum als Erklärung mit Forderung, Frist und bedingter Kriegserklärung; Ultimatum als Erklärung mit Forderung, Frist und Androhung bzw. Ankündigung von Folgen beliebiger Art; Ultimatum als unzweideutig formulierte Frage oder Forderung mit Fristsetzung) stehen.

Die Prüfung der völkerrechtlichen Praxis zwingt zu der Feststellung, daß der Sprachgebrauch hier einheitlicher und wesentlich bestimmter ist. Bestätigt wird in weitem Umfange jene Auffassung, die wohl als die in der Literatur überwiegend vertreten anzusehen ist und die in der Untersuchung unter dem Begriff der Mittelmeinung zusammengefaßt wurde.

Genau wie von dieser Mittelmeinung werden in der Völkerrechtspraxis zunächst entsprechend der III. Haager Konvention jene Erklärungen als Ultimaten bezeichnet, die eine Forderung, eine Befristung und eine bedingte Kriegserklärung enthalten. Darüber hinaus wird die Bezeichnung auch für eine solche Erklärung verwandt, die neben Forderung und Befristung ganz allgemein Maßnahmen des Erklärenden für den Ablehnungsfall ankündigen, ohne daß diese Ankündigung notwendigerweise eine bedingte Kriegserklärung darstellen müßte.

Für den Begriff des Ultimatums ergibt sich aufgrund der untersuchten Beispiele und der Literatur folgendes Bild: nach überwiegender Meinung sind Ultimaten solche völkerrechtlichen Erklärungen, die die unverzügliche Erfüllung einer bestimmten Forderung bzw. ihre Erfüllung innerhalb einer bestimmten Frist verlangen, und die für den Fall der Ablehnung einseitige Maßnahmen des Fordernden oder bestimmte Folgen (z. B. Kriegserklärung oder wie bei dem Versailler Ultimatum Kündigung eines Waffenstillstandsvertrages, d. h. Wiederaufnahme von Feindseligkeiten) ankündigen.

C. Die völkerrechtliche Bedeutung des Ultimatums

I. Der Rechtscharakter des Ultimatums

a) Das Ultimatum als völkerrechtliche Willenserklärung

Von den Vertretern aller Auffassungen wird in gleicher Weise behauptet, die mit dem Begriff Ultimatum bezeichnete Erklärung sei eine einseitige völkerrechtliche Willenserklärung[334]. Eine nähere Untersuchung oder Begründung dieser Auffassung fehlt in fast allen Fällen. Um zu dieser Behauptung Stellung nehmen zu können, ist es zunächst erforderlich, auf den Begriff der Willenserklärung näher einzugehen.

Es handelt sich bei dem Begriff Willenserklärung um einen jener rechtlichen Grundbegriffe, die den verschiedensten Rechtsgebieten gemeinsam sind[335] und die, wie sich aus Art 38 Abs. I Buchst. c des IGH-Status ableiten läßt, auch im Völkerrecht verwendet werden.

Allgemein versteht man unter dem Begriff Willenserklärung die auf eine Rechtswirkung gerichtete Willensäußerung eines Rechtssubjektes, die allein oder in Verbindung mit anderen Willenserklärungen und sonstigen auf einer Willensbestätigung beruhenden Tatbestandsteilen von der Rechtsordnung als Grund der erstrebten Rechtswirkung anerkannt ist. Entscheidend für die Eigenschaft einer Erklärung als Willenserklärung sind die Zielrichtung des Willens auf einen Rechtserfolg hin und das Eintreten des Erfolges aufgrund des erklärten Willens. Ist die Erklärung eines Rechtssubjektes dagegen ausschließlich gerichtet auf die Herbeiführung eines tatsächlichen Erfolges, der nicht auch zugleich Rechtserfolg ist, so kann sie nicht Willenserklärung im juristischen Sinne sein.

Für den Bereich der völkerrechtlichen Willenserklärung gelten nach herrschender Anschauung[336] die gleichen Grundsätze, wenn auch mit der

---

[334] *Braun*, Démarche, S. 54; *Frei*, a.a.O., S. 20; *Asbeck*, a.a.O., S. 9 f.; *Liszt - Fleischmann*, a.a.O., S. 458; *Kohler*, a.a.O., S. 183; *Kunz*, a.a.O., S. 40; *Guggenheim*, a.a.O., Bd. II, S. 818; *Meissner*, a.a.O., S. 218; *Bauer*, Artikel „Ultimatum" bei *Strupp - Schlochauer*, Wörterbuch des Völkerrechts, Bd. III, S. 467.

[335] *Anzilotti*, Lehrbuch des Völkerrechts, S. 252.

[336] *Dahm*, Völkerrecht, Bd. III, S. 3; *Verdroß*, a.a.O., S. 98; *Anzilotti*, a.a.O., S. 256; *Berber*, Lehrbuch des Völkerrechts, Bd. I, S. 406; *Pfluger*, Die ein-

Abwandlung, daß es sich um Willensäußerungen eines Völkerrechtssubjektes handeln muß und daß für die Beurteilung der Rechtswirkung dieser Willenserklärung die Völkerrechtsordnung entscheidend ist. Untersucht man anhand dieser Grundsätze das Ultimatum im festgestellten Sinne mit seinen Bestandteilen Forderung, Fristsetzung und Ankündigung eines bestimmten eigenen Verhaltens im Ablehnungsfalle, so stößt die Aussage, das Ultimatum sei eine völkerrechtliche Willenserklärung, auf erhebliche Bedenken. In ihrer Allgemeinheit ist sie zumindest irreführend. Das ergibt sich, wenn man zum Zweck der Untersuchung das Ultimatum aufgrund seiner einzelnen Bestandteile in mehrere Erklärungen aufteilt, die entweder einzeln oder insgesamt genommen die rechtlichen Voraussetzungen einer Willenserklärung erfüllen könnten.

1. Die Forderung als Bestandteil des Ultimatums

Die Geltendmachung der im Ultimatum als wichtigster Punkt enthaltenen Forderung müßte auf völkerrechtliche Rechtswirkung, d. h. auf Begründung, Veränderung oder Aufhebung eines Rechtes, gerichtet sein, um als völkerrechtliche Willenserklärung angesehen werden zu können.

Eine Forderung kann ganz allgemein gehen auf ein bestimmtes Verhalten, d. h. auf ein Tun, Dulden oder Unterlassen. Eine Willenserklärung würde die so geartete Forderung dann sein, wenn nach der Völkerrechtsordnung der in ihr geäußerte Wille auf einen Rechtserfolg abzielen würde und wenn dieser Erfolg aufgrund des geäußerten Willens eintreten würde oder nach der Rechtsordnung doch zumindest eintreten könnte. Die Äußerung einer Forderung, um die es sich im Ultimatum handelt, löst aber in der Regel Rechtsfolgen, z. B. in der Form des Entstehens von Rechten und Pflichten, nicht aus. Grundsätzlich bewirkt die bloße Bekanntgabe einer Forderung keine Rechtsfolgen. Rechtsbegründende oder rechtsändernde Wirkungen kommen ihr nicht ohne weiteres zu. Das Geltendmachen einer Forderung setzt vielmehr das vorherige Entstehen der Forderung, also einen Rechtsgrund voraus. Zwar ist eine Rechtswirkung auch bei der bloßen Stellung von Forderungen möglich. So ist der Fall denkbar, daß die Forderung auf Erfüllung eines Anspruches aus einem völkerrechtlichen Vertrag abzielt und das aufgeforderte Völkerrechtssubjekt gleichzeitig mit der Geltendmachung der Forderung durch Willenserklärung in Verzug gesetzt und zur Zahlung von Zinsen verpflichtet wird[337]. Daneben steht jedoch die Mehrzahl der anderen Fälle,

---

seitigen Rechtsgeschäfte im Völkerrecht, S. 26 ff.; *Drost*, Grundfragen der Lehre vom internationalen Rechtsgeschäft, Festschrift für Laun, S. 216; *Zepos*, Zur Theorie der Ungültigkeit der Rechtsgeschäfte, Festschrift für Spiropoulos, S. 464.

[337] *Dahm*, a.a.O., Bd. III, S. 257.

in denen sich nach der Rechtsordnung Rechtsfolgen nicht schon aus dem
Geltendmachen der Forderung, sondern erst aus dem Verhalten des aufgeforderten Rechtssubjektes ergeben können. Dies gilt z B., wenn das
Verhalten, zu dem aufgefordert wird, etwa einen Verzicht im juristischen Sinne oder allgemeiner ausgedrückt, ein sonstiges selbständiges,
einseitiges, völkerrechtliches Rechtsgeschäft darstellt. In einem solchen
Falle fließen die Rechtsfolgen ausschließlich aus der Erklärung des Aufgeforderten[338] (z. B. beim Verzicht auf die Territorialhoheit über Grenz-
gebiete[339]. Zwar zielen auch hier die Erklärungen und der ihr zugrunde-
liegende Wille des Auffordernden auf einen Erfolg ab, der letztlich ein
Rechtserfolg werden soll. Der eigentliche Rechtsgrund für den eintreten-
den Rechtserfolg ist aber nicht der eigene Wille des Auffordernden, sondern der auf diesen Erfolg zielende Wille des Aufgeforderten. Die Forderung selbst hat hier noch keine aus ihr selbst herrührende Rechtswirkung und stellt mithin keine Willenserklärung dar[340].

Meissner[341] will den Rechtscharakter des Ultimatums als Willenserklärung daraus ableiten, daß sie eine Einigung offeriere und deshalb ein
einseitiges, abhängiges Rechtsgeschäft des Völkerrechts sei. Er sieht also
in dem ersten Bestandteil des Ultimatums nicht so sehr die Forderung
als vielmehr ein Vertragsangebot. In der Erfüllung der gestellten „Forderung" soll dann das endgültige Zustandekommen eines durch Willens-
übereinstimmung geschlossenen zweiseitigen Rechtsgeschäfts, eines völkerrechtlichen Vertrages, liegen[342].

Der Mangel auch dieser Aussage liegt darin, daß sie versucht, in Form
einer Regel alle denkbaren Fälle zu erfassen, und daß sie dabei zu unzu-
treffenden Ergebnissen kommt. Bei vielen Ultimaten wird zwar die Meinung Meissners zutreffen[343], es sind jedoch auch andere Möglichkeiten
denkbar.

---

[338] *Dahm*, a.a.O., Bd. III, S. 165; *Verdroß*, a.a.O., S. 98 f.; *Berber*, Lehrbuch
des Völkerrechts, Bd. I, S. 410.

[339] Beim Verzicht auf die Gebietshoheit, der sog. Dereliktion, sind sogar
zwei Momente erforderlich, um den Rechtserfolg herbeizuführen: die tatsächliche Aufgabe des Gebiets und der Rechtserfolgswille, der sog. animus
derelinquendi; vgl. *Dahm*, a.a.O., Bd. I, S. 615 f., mit weiteren Nachweisen.

[340] Unbeachtlich ist in diesem Zusammenhang, daß die Forderung evtl. ein
völkerrechtliches Delikt darstellt und insofern Rechtsfolgen auslöst.

[341] *Meissner*, a.a.O., S. 218; es ist darauf hinzuweisen, daß Meissner zur
Gruppe der sog. Mittelmeinung gehört.

[342] *Meissner,* a.a.O., S. 219.

[343] Der Druck, der durch ein Ultimatum ausgeübt wird, würde das Zustandekommen einer völkerrechtlichen Willenseinigung grundsätzlich nicht
verhindern. Als Willensmangel kommt dem Zwang im Völkerrecht nur begrenzte Bedeutung zu. Eine erzwungene Willenserklärung ist nach h. M. auf
Grund des ausgeübten Zwanges dann unwirksam, wenn es sich entweder
um unmittelbaren persönlichen Zwang gegen die Organe handelt, die die

Geht man etwa von dem bereits erwähnten Fall aus, daß in einem Ultimatum zu einem einseitigen, selbständigen Rechtsgeschäft aufgefordert wird — ein Völkerrechtssubjekt verlangt z. B. von einem anderen die Abgabe einer solchen einseitigen Erklärung unter Androhung wirtschaftlicher Zwangsmaßnahmen für den Fall der Ablehnung — so müßte man nach der Auffassung Meissners auch in einer derartigen Aufforderung eine Vertragsofferte sehen. Dabei bleibt zu fragen, was in dem gewählten Beispiel der Gegenstand des Vertrages sein soll. Es könnte sich zunächst um einen Vertrag handeln, durch den der Auffordernde berechtigt wird, die einseitige Erklärung zu fordern; mit einer solchen Annahme gelangt man jedoch zu einer juristischen Konstruktion, die wohl kaum dem Willen der Beteiligten gerecht wird. Das auffordernde Rechtssubjekt will von dem Aufgeforderten unmittelbar die Abgabe der Willenserklärung, nicht aber zunächst einen Vertrag, kraft dessen es berechtigt ist, die Willenserklärung zu fordern.

Theoretisch bliebe die weitere Möglichkeit, einen Vertrag anzunehmen, der zum Inhalt hätte, daß Erklärender und Erklärungsempfänger sich über das rechtliche Ziel einigen, das von dem Auffordernden mit der geforderten Erklärung letztlich erreicht werden soll. Dazu würde es aber an einer Offerte fehlen, da sich eine derartige Auslegung mit dem Inhalt der Aufforderung nicht vereinbaren läßt. Beide Konstruktionen entsprechen auch nicht dem Willen des Aufgeforderten. Gibt er der Forderung nach, so will er die geforderte einseitige Willenserklärung abgeben, sich nicht aber zusätzlich in einem Vertrag zu ihrer Abgabe verpflichten.

Die These Meissners mag in einigen Fällen zutreffen und sich mit praktischen Beispielen belegen lassen. Sie als generelle Regel annehmen zu wollen, würde dazu zwingen, häufig die Wirklichkeit in konstruierte Schemata zu pressen. Auch die von Meissner gegebene Begründung, das Ultimatum enthalte eine Vertragsofferte, kann die grundsätzliche Aussage, jedes Ultimatum sei eine völkerrechtliche Willenserklärung, nicht

---

Willenserklärung abgeben, oder wenn rechtswidriger Zwang gegen das Völkerrechtssubjekt als solches gegeben ist. In allen übrigen Fällen hat der Zwang auf die Wirksamkeit der Willenserklärung keinen Einfluß; vgl. *Berber*, Lehrbuch des Völkerrechts, Bd. I, S. 437 f., mit weiteren Nachweisen; *Verdroß*, a.a.O., S. 111 f.; *v. d. Heydte*, a.a.O., Bd. I, S. 78 f.; z. B. auch *Dahm*, a.a.O., Bd. III, S. 39 f., mit weiteren Nachweisen). *Dahm* geht allerdings noch einen Schritt weiter: er will nur solche Willenserklärungen als unwirksam behandeln, die durch unmittelbaren persönlichen Zwang gegen Organe hervorgerufen werden, da sich bei weiterer Ausdehnung dieses Grundsatzes eine zu große Unsicherheit im internationalen Rechtsleben ergeben würde.

Wie die herrschende Meinung hat auch das IMT entschieden. IMT, Bd. I, S. 220, behandelt die von Hacha am 15. März 1939 erteilte Zustimmung zur Okkupation der Restschechei durch Deutschland als völkerrechtswidrig erzwungen und damit rechtlich ohne Bedeutung.

stützen[344]. Die Aussage, das Ultimatum sei eine völkerrechtliche Willenserklärung, läßt sich nicht aus der in ihm enthaltenen Forderung herleiten.

2. Die Ankündigung oder Androhung bestimmter Folgen im Rahmen eines Ultimatums

Der Rechtscharakter des Ultimatums als Willenserklärung könnte sich daneben aus der in dem Ultimatum enthaltenen Ankündigung eigenen Verhaltens für den Ablehnungsfall ergeben. Auch im Bereich dieser Ankündigung oder Androhung gibt es eine Fülle von Möglichkeiten, so daß ein Satz des Inhalts, diese Ankündigung sei eine Willenserklärung, zu Zweifeln Anlaß gibt.

(a) Die bedingte Kriegserklärung als Bestandteil des Ultimatums

Für ein Ultimatum mit bedingter Kriegserklärung kann der Satz, es enthalte eine völkerrechtliche Willenserklärung, freilich Geltung beanspruchen.

Betrachtet man die Ankündigung, sich im Falle der Nichterfüllung der Forderung als mit dem aufgeforderten Rechtssubjekt im Kriegszustand befindlich ansehen zu wollen, isoliert von der im Ultimatum enthaltenen Forderung, so liegt darin eine Willenserklärung. Der Krieg, als Gegenstück zum Zustand friedlicher Beziehungen zwischen den Staaten, ist ein völkerrechtlicher Rechtszustand, der dadurch gekennzeichnet ist, daß zwischen den Beteiligten die Geltung bestimmter Rechtsregeln, der Regeln des Friedensrechts, aufgehoben ist, und daß zwischen ihnen dafür andere, nämlich die Regeln des Kriegsrechts und im Verhältnis zu Nichtbeteiligten die Regeln des Neutralitätsrechts wirksam werden[345].

---

[344] *Meissner* widerlegt sich zudem selbst: er kommt anhand einer eingehenden Untersuchung, a.a.O., S. 217, zunächst zu dem Ergebnis, die sowjetischen Ultimaten von 1940 seien auf Grund der zwischen der UdSSR und den baltischen Staaten bestehenden Verträge sowie auf Grund des allgemeinen Völkerrechts rechtswidrig gewesen.
Er führt dann aus, diese Rechtswidrigkeit sei durch die Annahme des Ultimatums durch die baltischen Staaten ausgeschlossen worden; vgl. *Meissner*, a.a.O., S. 219.
Juristisch ist dieses Ergebnis kaum haltbar, ist nämlich das Ultimatum rechtswidrig, so liegt keine Offerte vor, die angenommen werden könnte. Offerte im eigentlichen Sinne, d. h. juristische Willenserklärung, kann nur eine Erklärung sein, die von der Rechtsordnung gebilligt wird, nicht aber eine Erklärung, die nach Meissners eigenen Ausführungen mit der Völkerrechtsordnung im Widerspruch steht. Gerade solche im Widerspruch zu vertraglichen Vereinbarungen erzwungenen Willenserklärungen werden von der h. M. als rechtswidrig und rechtlich unbeachtlich behandelt; vgl. die in Anm. 343 erwähnten Autoren.
[345] Als Rechtsverhältnis bezeichnen den Krieg *Eagleton*, Form and Function of the Declaration of War, AJIL 32 (1938), S. 21; *Wright*, When does war

Eine Willensäußerung mit dem Ziel, das Verhältnis des Krieges zu einem anderen Staat herbeizuführen, die Kriegserklärung, hat bei Anwendung der eben entwickelten Grundsätze den Erfolg, daß eine bestimmte völkerrechtliche Rechtsbeziehung mit der Anwendbarkeit bestimmter Rechtsvorschriften durch eine anders geartete Beziehung mit der Geltung anderer Vorschriften abgelöst wird. Diese Folge ist nicht eine ausschließlich tatsächliche, sondern sie entfaltet auch Rechtswirkungen. Der darauf gerichtete Wille ist als rechtsgeschäftlicher Wille und die entsprechende Äußerung als Willenserklärung zu qualifizieren. Die unbedingte Kriegserklärung ist also eine völkerrechtliche Willenserklärung[346]. Die Hauptbedeutung des Willens gerade in dieser Beziehung ergibt sich daraus, daß der Eintritt des Kriegszustandes in erster Linie nicht vom tatsächlichen Ausbruch der Feindseligkeiten oder der Vornahme kriegerischer Handlungen abhängig ist, sondern von der Frage, ob einer der Beteiligten den Krieg will oder nicht[347]. Ein Ultimatum im Sinne einer bedingten Kriegserklärung führt auch dann zum Kriege und zum Eintritt der damit verbundenen Rechtsfolgen, wenn nach fruchtlosem Verstreichen der in ihm gestellten Frist kriegerische Maßnahmen nicht sofort verwirklicht werden[348]. Für den Rechtscharakter der Kriegserklärung als Willenserklärung ist es ohne Bedeutung, daß sie im Falle des Ultimatums mit bedingter Kriegserklärung noch mit einer Befristung oder aufschiebenden Bedingung versehen ist. Beide bedeuten zwar eine Einschränkung der Willenserklärung in der Form, daß sie über den Eintritt der Wirkungen der Willenserklärung mitentscheiden, für die Beurteilung des Rechtscharakters der Erklärung sind sie aber ohne Einfluß. Der Rechtscharakter ist allein nach dem Ziel des Willens zu beurteilen,

---

exist?, AJIL 26 (1932), S. 363; *Kotzsch,* The concept of war in contemporary history and international law, S. 57; *Scott,* a.a.O., S. 442; *Mosler,* Artikel „Kriegsbeginn" bei *Strupp - Schlochauer,* Wörterbuch des Völkerrechts, Bd. II, S. 326 f. Als Gewaltzustand bzw. Zustand, in dem die Normen des Kriegsrechtes anstelle der Normen des Friedensrechts treten, bezeichnen den Krieg *Verdroß,* a.a.O., S. 352; *Berber,* Lehrbuch des Völkerrechts, Bd. II, S. 3; *v. d. Heydte,* a.a.O., Bd. II, S. 123. Auch nach ihrer Meinung müßte man dem Beginn eines Krieges jedoch Rechtswirkungen zuschreiben, denn das Wirksamwerden bestimmter Rechtsregeln anstelle von zeitweilig aufgehobenen Regeln stellt eine Rechtstatsache dar, die durch den Willen des Erklärenden hervorgerufen wird.

[346] *Berber,* Lehrbuch des Völkerrechts, Bd. II, S. 89.

[347] *Eagleton,* AJIL 32 (1938), S. 22; *Kotzsch,* a.a.O., S. 58; *Hill,* AJIL 42 (1948), S. 357; *Berber,* Lehrbuch des Völkerrechts, Bd. II, S. 90; *v. d. Heydte,* a.a.O., Bd. II, S. 201.

[348] Ein Beispiel dafür bieten insbesondere die während der beiden Weltkriege abgegebenen Kriegserklärungen zahlreicher mittel- und südamerikanischer Staaten (z. B. Mexiko, San Salvador, Kolumbien, Peru, Brasilien) gegenüber Deutschland. Kampfhandlungen in irgendeiner Form haben zwischen diesen im Kriegszustand befindlichen Mächten nicht stattgefunden (vgl. dazu *Mosler,* Artikel „Kriegsende" bei *Strupp - Schlochauer,* a.a.O., Bd. II, S. 336/337).

nicht aber danach, ob dieses Ziel wegen des Nichteintritts durch den Erklärenden selbst gesetzter Bedingungen tatsächlich nicht erreicht wurde.
Abschließend ist zu sagen, daß das Ultimatum mit bedingter Kriegserklärung eine völkerrechtliche Willenserklärung enthält[349].

(b) Sonstige Ankündigungen eigenen Verhaltens oder bestimmter Folgen im Rahmen eines Ultimatums

Betrachtet man neben der bedingten Kriegserklärung andere denkbare
Ankündigungen eigenen Verhaltens, so läßt sich die bei den Ultimaten
nach Artikel I der III. Haager Konvention getroffene Feststellung als
grundsätzliche Regel nicht mehr aufrechterhalten.

Die wohl nicht seltene Ankündigung, im Falle der Nichterfüllung der
eigenen Forderungen Repressalien ergreifen zu wollen, ist keine Willenserklärung. Die bloße Ankündigung solcher Schritte enthält selbst
noch keine Repressalie. Rechtsfolgen ergeben sich aus ihr nicht. Es werden auch nicht künftige Repressalien durch diese vorherige Ankündigung ihres Charakters als an sich rechtswidriger Völkerrechtshandlung
beraubt und damit etwa in eine Retorsion verwandelt[350]. Nur in einem
solchen Falle könnte man sagen, daß die Ankündigung von Repressalien
auf einen Rechtserfolg gerichtet sei. In dem hier gewählten Beispiel können sich Rechtsfolgen erst aus der tatsächlichen Vornahme der Repres-
salienhandlung ergeben. Sie sind dann aber eine Folge der Handlung
und nicht eines auf Rechtswirkung gerichteten Willens.

Die Androhung des Fordernden, für den Fall der Nichterfüllung des
von ihm gestellten Verlangens bestimmte einseitige Schritte unternehmen zu wollen, kann nur dann eine Willenserklärung sein, wenn sie —
ähnlich wie bei der bedingten Kriegserklärung — bestimmte Typen bedingter, einseitiger völkerrechtlicher Erklärungen enthält, z. B. die bedingte Kündigung eines mit dem Aufgeforderten abgeschlossenen Vertrages[351], bedingte Anerkennung eines dritten Völkerrechtssubjektes
oder etwa die bedingte Blockadeerklärung[352]. Diese Erklärungen stellen
immer bedingte Willenserklärungen dar. Nur in diesen Fällen trifft auch

---

[349] Für das Ultimatum im Sinne der III. Haager Konvention betont das
ausdrücklich *Dahm*, a.a.O., Bd. III, S. 165, Anmerkung 2.

[350] *v. d. Heydte*, a.a.O., Bd. II, S. 106: „Die vorhergegangene ultimative Androhung von Gewaltanwendung legalisiert eine spätere Gewaltanwendung
nicht."

[351] Als Beispiel dafür läßt sich die bedingte Kündigung des Waffenstillstandsvertrages in dem Ultimatum von Versailles vom 16. Juni 1919 anführen; vgl. oben Abschn. B IV b 6 (a).

[352] *Verdroß*, a.a.O., S. 415; *Dahm*, a.a.O., Bd. III, S. 167; *v. d. Heydte*, a.a.O.,
Bd. II, S. 314; *Berber*, Lehrbuch des Völkerrechts, Bd. II, S. 189; Die Rechts-
wirksamkeit einer Blockade setzt eine konstitutive Willenserklärung, die
förmliche Notifizierung, voraus.

die Auffassung Brauns[353] zu, der den Rechtscharakter des Ultimatums als
völkerrechtliche Willenserklärung mit dem Hinweis begründet, daß bei
Nichterfüllung der gestellten Forderungen ipso iure die vom Absende-
staat bezeichnete Lage eintritt. Da aber keineswegs in jedem Ultimatum
die Ankündigung des Absenders in der Bezeichnung einer bestimmten
Rechtslage für den Fall der Ablehnung besteht, geht Braun von einer fal-
schen Voraussetzung aus. Kehrt man zu dem gewählten Beispiel der Androhung von Wirtschaftssanktionen zurück, so erkennt man, daß die
Annahme Brauns, mit dem ergebnislosen Verstreichen der Frist ändere
sich die Rechtslage, unzutreffend ist. Eine Veränderung der bestehenden
Rechtslage als Kennzeichen einer Rechtsfolge kann sich erst dann ergeben, wenn die angedrohten Wirtschaftssanktionen verwirklicht werden
(weil sie z. B. als völkerrechtliches Delikt Ersatzansprüche auslösen).

In allen Fällen, in denen lediglich der juristisch zunächst unerhebliche
Wille bekanntgegeben wird, sich in einer bestimmten Weise verhalten
zu wollen, liegt in dieser Erklärung noch keine Willenserklärung. Auch
die im Ultimatum enthaltene Ankündigung des eigenen Verhaltens kann
also die generelle Behauptung, das Ultimatum sei eine Willenserklärung,
nicht rechtfertigen[354].

3. Die Fristsetzung des Ultimatums

Schließlich könnte auch die Erklärung, die Erfüllung der gestellten
Forderungen werde binnen einer bestimmten Frist erwartet, noch eine
Willenserklärung enthalten. Die Möglichkeit, aus einer Fristsetzung
Rechtsfolgen herzuleiten, ist nicht völlig ausgeschlossen. Wendet man
z. B. über Artikel 38 Abs. I Buchst. c des IGH-Statuts die Regeln des
Rücktritts- und Kündigungsrechts als eines allgemeinen Rechtsprinzips
auch auf internationale Verträge an[355], so könnte sich aus einem Erfül-
lungsverlangen mit gleichzeitiger Fristsetzung im Falle der Nichterfüllung der Forderung innerhalb der Frist ein Kündigungsrecht ergeben.
Hier wäre dann das Kündigungsrecht durch die Fristsetzungserklärung
mitausgelöst worden. Eine derartige Bedeutung kommt jedoch der Fristsetzung im Ultimatum wohl nur in ganz wenigen Ausnahmefällen zu[356].

---

[353] *Braun*, Démarche, S. 57.
[354] Auch wenn man mit *Dahm*, a.a.O., Bd. III, S. 38, davon ausgeht, daß
der Gebrauch von Zwang eine Delikthaftung und somit Rechtsfolgen auslösen kann, so läßt sich damit ein Rechtscharakter als Willenserklärung nicht
begründen, da diese Haftung nicht eine Folge des Willens ist und der Wille
des Erklärenden zudem nicht auf diese Rechtsfolge gerichtet ist.
[355] So *Dahm*, a.a.O., Bd. III, S. 135.
[356] Möglich wäre es, daß die Frist zur Vertragserfüllung mit derjenigen des
Ultimatums identisch ist.

Bei einem Ultimatum mit bedingter Kriegserklärung beispielsweise hat die Fristsetzung im Gegensatz zu dem zuvor erwähnten Fall, in dem sie ein Kündigungsrecht mitbegründen würde, nicht zur Folge, daß dem Erklärenden dadurch etwa ein Kriegsführungsrecht erwüchse. Das sog. ius ad bellum ist heute von Kriterien abhängig[357], unter denen die Fristsetzung eines Ultimatums im Sinne der III. Haager Konvention keine rechtliche Rolle spielt. Auch die Möglichkeit aus der Fristsetzung den Rechtscharakter eines Ultimatums als Willenserklärung herleiten zu können, besteht folglich nur in Ausnahmefällen.

4. Ergebnis

Der Satz, das Ultimatum sei eine völkerrechtliche Willenserklärung, der den Ausgangspunkt der Untersuchung gebildet hatte, ist nach alledem nur mit Einschränkung richtig. Er ist dahin zu präzisieren, daß das Ultimatum theoretisch aufgrund eines jeden einzelnen der in ihm enthaltenen Bestandteile eine Willenserklärung sein kann[358]. Diese Fälle bilden aber eher eine Ausnahme als eine Regel[359]. Der Ausnahmefall darf nicht dazu führen, jedes Ultimatum zwangsläufig als völkerrechtliche Willenserklärung anzusehen[360].

Trotz des Ergebnisses, das die in der Literatur bisher als Regelfall vorgenommene Gleichbehandlung von Ultimatum und völkerrechtlicher Willenserklärung zum Ausnahmebestand macht, ist davon auszugehen, daß jener Normenkomplex, der für völkerrechtliche Willenserklärungen

---

[357] vgl. *Berber,* Lehrbuch des Völkerrechts, Bd. II, S. 40 ff.; *v. d. Heydte,* a.a.O., Bd. II, S. 146 f.; *Verdroß,* a.a.O., S. 542 ff. Auch die übrigen in einem Ultimatum mit bedingter Kriegserklärung noch enthaltenen Erklärungen (die Forderung und die bedingte Kriegserklärung selbst) sind in bezug auf das ius ad bellum bestenfalls deklaratorischer, nicht aber konstitutiver Natur.

[358] Nur für den Fall, daß man den Begriff Ultimatum ausschließlich im kriegsvölkerrechtlichen Sinne verwendet, ist die grundsätzliche Bezeichnung des Ultimatums als völkerrechtliche Willenserklärung zutreffend.

[359] Bei derjenigen Auffassung, die für den Begriff des Ultimatums nur die Bestandteile Forderung oder letzte Mitteilung eines Standpunktes und eine Fristsetzung verlangt, gilt dies in ganz besonderem Maße: die Darlegung eines Standpunktes oder auch die Stellung einer Frage enthält ihrem objektiven Erklärungswert nach nicht einen auf Rechtserfolg gerichteten Willen. Die Darlegung eines Standpunktes oder die Feststellung eines Sachverhalts sind grundsätzlich keine Willenserklärungen; vgl. *Dahm,* a.a.O., Bd. III, S. 3. Kommt ihnen ausnahmsweise diese Bedeutung zu, so handelt es sich um Erklärungen, für die eine andere völkerrechtliche Terminologie (z. B. Notifikation, Verzicht oder Protest) gilt; vgl. *Dahm,* a.a.O., Bd. III, S. 164 ff.

[360] Bezeichnenderweise wird in keinem der völkerrechtlichen Lehrbücher das Ultimatum bei den einseitigen völkerrechtlichen Willenserklärungen erwähnt, abgesehen von dem bereits angeführten Zitat bei *Dahm,* a.a.O., Bd. III, S. 165, Anm. 2, das sich auf das Ultimatum mit bedingter Kriegserklärung bezieht.

und Rechtsgeschäfte gilt, in weitem Umfang zumindest entsprechend auch für das Ultimatum anwendbar ist. Die für eine Analogie erforderliche Übereinstimmung von Normzweck und Interessenlage ist gegeben.

Die für Willenserklärungen geltenden Vorschriften über Auslegung, Abgabe und Empfang der Erklärungen und Formvorschriften z. B. dienen in erster Linie den Aufgaben der Rechtssicherheit und Rechtsklarheit. Bedürfnis nach Klarheit und Sicherheit besteht in einem ebensolchen Maße auch bei einem Ultimatum[361]: in jedem Falle handelt es sich dabei um hochbedeutsame Vorgänge in den internationalen Beziehungen der einzelnen Völkerrechtssubjekte. Hinzu kommt, daß ein Ultimatum im Einzelfalle völkerrechtliche Willenserklärung sein kann, wobei dann die Beachtung der Rechtsnormen über die Willenserklärungen ohnehin erforderlich ist.

Die generelle unmittelbare oder analoge Anwendung dieser Regeln je auf die verschiedenen Arten von Ultimaten erscheint mithin gerechtfertigt. Eine Anwendung der Regeln über die Willenserklärungen wird auch durch Artikel I der III. Haager Konvention gefordert, da in dieser Norm eine ausdrückliche und unzweideutige Benachrichtigung des Gegners vorgeschrieben ist. Daraus läßt sich entnehmen, daß z. B. die allgemeinen Regeln über die Auslegung von Willenserklärungen, aber auch über ihre Abgabe und ihren Zugang anwendbar sind.

b) Das Ultimatum als völkerrechtliches Übergangsverfahren

Das Ultimatum wird in der Literatur auch als völkerrechtliches Übergangsverfahren bezeichnet[362]. Damit wird dem Ultimatum die Stellung eines selbständigen Völkerrechtsinstituts im Bereich der Rechtsverfolgung und -durchsetzung zugeschrieben[363]. Das Wesen des Ultimatums als völkerrechtliches Übergangsverfahren besteht nach dieser Auffassung darin, daß es aus dem Bereich der Verhandlungen zum Stadium gewaltmäßiger Durchsetzung von Forderungen überleitet[364]. Einen ge-

---

[361] In der Praxis werden die für Willenserklärungen geltenden Regeln auch auf Ultimaten angewandt: der japanischen Note an die Vereinigten Staaten vom 20. November 1941 wird besonders auch deshalb der Charakter eines Ultimatums abgesprochen, weil die von japanischer Seite vorgenommene Befristung nur als geheimer Vorbehalt erklärt war (wenn er auch den USA über die aufgefangenen Codefunksprüche bekannt war), nicht aber den USA offiziell zugegangen war.

[362] *Asbeck*, a.a.O., S. 20; *Meissner*, a.a.O., S. 195, *Repecka*, a.a.O., S. 136; *Wehberg*, Artikel „Ultimatum" bei *Strupp*, Wörterbuch des Völkerrechts und der Diplomatie, Bd. II, S. 755; *Frei*, a.a.O., S. 53.

[363] *Asbeck*, a.a.O., S. 20.

[364] *Meissner,* a.a.O., S. 195.

wissen Widerspruch innerhalb dieser Meinung bildet die Auffassung, das Ultimatum selbst stehe schon im direkten Gegensatz zum Verhandlungswege[365]. Ob sich Ultimatum und völkerrechtliche Verhandlung immer ausschließen, ist bei der heutigen Entwicklungsstufe des Völkerrechts und der Weltpolitik zweifelhaft. In Zeiten überwiegend prestigepolitischer Erwägungen im Rahmen der internationalen Beziehungen mag es so gewesen sein, daß es praktisch keine Umkehr mehr gab, sobald ein Ultimatum gestellt war, selbst wenn damit unüberschaubare Risiken entstanden. Daß eine solche Betrachtungsweise heute nur noch in begrenztem Umfange gilt, beweist der Verlauf der Kuba- und der Berlinkrise. Besonders die Entwicklung in der Berlinfrage nach dem 27. November 1958 und dem 10. Juni 1959, wobei trotz zweier Ultimaten ein Ende oder Abbruch der Verhandlungen nicht erfolgte — beide Erklärungen haben keineswegs aus dem Bereich der west-östlichen Verhandlungen herausgeführt — beweist, daß ein Ultimatum und die internationale Verhandlung sich nicht ausschließen.

Die Gründe für die Weiterführung der Verhandlungen wie auch schon für die Stellung des Ultimatums selbst können überwiegend auf politischem Kalkül beruhen. Das liegt möglicherweise daran, daß sich gerade im Völkerrecht die Bereiche des ausschließlich Rechtlichen und der Politik kaum trennen lassen. So ist ein Ultimatum wohl in keinem Falle ein reines Mittel der völkerrechtlichen Selbsthilfe, sondern immer auch Mittel der Politik. Die im Rahmen politischer Taktik gegebenen vielfältigen Möglichkeiten verbieten es, eine Regel aufzustellen, die besagt, ein Ultimatum und völkerrechtliche Verhandlung schlössen sich aus. Es kommt vielmehr darauf an, welcher Aufgabe das Ultimatum im Einzelfalle dienen soll und wie sich die Beteiligten im Einzelfalle verhalten.

In diesen Zusammenhang gehört auch die Behauptung Meissners[366], ein Ultimatum setze seinem Wesen nach Verhandlungen voraus. Diese Voraussetzung wird in der völkerrechtlichen Praxis meistens gegeben sein, begriffsnotwendig sind diese Verhandlungen jedoch nicht[367]. Der

---

[365] *Wehberg*, Artikel „Ultimatum" bei *Strupp*, Wörterbuch des Völkerrechts und der Diplomatie, Bd. II, S. 755; ebenso wohl *Repecka*, a.a.O., S. 136, wonach die Stellung eines Ultimatums der Vorbereitung und Einleitung solcher Maßnahmen dient, die nicht mehr zu den friedlichen Mitteln der Streiterledigung gehören. *v. d. Heydte*, a.a.O., Bd. II, S. 105 f., sieht als Mittel der Gewalt auch die Drohung mit Gewalt, als deren typische Form er das Ultimatum bezeichnet.

[366] *Meissner*, a.a.O., S. 195: „Die vom Ultimatum seinem Wesen nach vorausgesetzten Verhandlungen haben, wie aus der Vorgeschichte zu ersehen ist, im Falle Estland und Lettland nicht stattgefunden." Folgerichtig dürfte Meissner dann die an Estland und Lettland gerichteten Noten nicht als Ultimatum bezeichnen.

[367] So auch *Stone*, Legal Controls of International Conflict, S. 307: „... but strictly no negotiations at all need precede it (d. h. das Ultimatum; d. Verf.).

These Meissners, vorherige Verhandlungen seien ein Wesensmerkmal des Ultimatums, kann nicht zugestimmt werden.

Die von Meissner aufgestellte Voraussetzung könnte wohl in einer anderen Frage von Bedeutung sein. Sieht man im Ultimatum ein selbständiges völkerrechtliches Rechtsverfolgungsmittel, so kann diese Funktion nur erfüllt werden, wenn das Völkerrecht derartige Erklärungen als rechtmäßig ansieht, nicht aber wenn Ultimaten nach der Völkerrechtsordnung überhaupt unzulässig sind. Rechtsinstitut kann nicht sein, was grundsätzlich mit der Rechtsordnung nicht in Einklang steht. Die Bejahung der Rechtmäßigkeit und Zulässigkeit eines Ultimatums könnte im Einzelfalle von der vorherigen Durchführung von Verhandlungen abhängig sein[368]. Auf die Frage der Rechtmäßigkeit wird unten noch einzugehen sein[369].

Begriffsnotwendig muß das Ultimatum in seiner Eigenschaft als Übergangsverfahren jedoch dem Erklärungsempfänger eine wirkliche, nicht bloß eine scheinbare Wahlmöglichkeit geben[370]. Nur wenn zwischen der Erfüllung der geltend gemachten Forderung und den in Aussicht gestellten eigenen Maßnahmen oder Folgen tatsächlich noch eine Alternative besteht, wenn diese also noch in der Zukunft liegen, kann man von einem Ultimatum sprechen.

The essential point is that the demand in an ultimatum is not subject to negotiations at all."

[368] *Asbeck*, a.a.O., S. 56, hält ein Ultimatum „aus heiterem Himmel" für völkerrechtswidrig.

[369] Vgl. unten Abschn. C II.

[370] So zutreffend *Frei*, a.a.O., S. 53.

II. Die rechtliche Zulässigkeit des Ultimatums

Wie bereits angedeutet, ist die Beantwortung der Frage nach der generellen Zulässigkeit des Ultimatums entscheidend für seine Beurteilung als rechtlich gebilligtes Übergangsverfahren. Diese Frage ist ausführlicher bisher nur unter der Geltung der Völkerbundsatzung, des Locarno-Vertrages und des Briand-Kellogg-Paktes vom 27. August 1928 erörtert worden. Die Antworten sind unterschiedlich ausgefallen. Die Rechtmäßigkeit oder Rechtswidrigkeit eines Ultimatums nach Unterzeichnung der Charta der Vereinten Nationen ist noch nicht geprüft worden.

a) Die Beurteilung des Ultimatums
vor der Unterzeichnung der UN-Charta

Asbeck[371] und ihm folgend Frei[372] haben die Völkerbundsepoche in verschiedene Phasen aufgeteilt und für die einzelnen Abschnitte verschiedene Ergebnisse bei der rechtlichen Beurteilung des Ultimatums gefunden.

1. Die Zulässigkeit des Ultimatums nach der Völkerbundssatzung

Die Regeln des Artikels 12 der Völkerbundssatzung, die dem Wortlaut nach nur für den Krieg gelten, wollen Asbeck[373] und Frei[374] und mit ihnen weitere Autoren[375] auch auf das Ultimatum entsprechend anwenden. Sie kommen zu dem Ergebnis, daß in der Zeit, in der ein Krieg nicht geführt oder nicht angedroht werden darf, dasselbe für ein Ultimatum gelten muß, sicher für ein solches Ultimatum, das eine bedingte Kriegserklärung enthält.

---

[371] *Asbeck*, a.a.O., S. 20 ff., stellt ein kompliziertes System auf und unterscheidet für die Beurteilung des Ultimatums folgende Zeiträume: 1920—1925 für den Einfluß des Art. 11 der VB-Satzung, dann das Jahr 1925, das er als Erkenntnisphase des Art. 11 der VB-Satzung bezeichnet, schließlich die Zeiträume des Locarno- und des Briand-Kellogg-Paktes.

[372] *Frei*, a.a.O., S. 53 ff., übernimmt die Systematik Asbecks unverändert.

[373] *Asbeck*, a.a.O., S. 22.

[374] *Frei*, a.a.O., S. 55.

[375] *Wehberg*, Die Ächtung des Krieges, S. 13 ff.; *v. Neurath*, a.a.O., S. 64; *v. Freytagh-Loringhoven*, Die Satzung des Völkerbundes, Art. 12, Anm. 2; *Wehberg*, Die Völkerbundssatzung, S. 102; *Knubben* bei *Strupp*, Wörterbuch des Völkerrechts und der Diplomatie, Bd. III, S. 1152.

Ebenso soll ein Ultimatum unter den Voraussetzungen des Artikels 13 Abs. 4 der Völkerbundssatzung unzulässig sein gegen solche Mitglieder des Völkerbundes, die sich einem gerichtlichen oder schiedsrichterlichen Spruch in einer Streitfrage unterworfen haben[376].

Asbeck und Frei zählen daneben noch eine Reihe von Fällen auf, in denen ihrer Meinung nach ein Ultimatum nach der Völkerbundssatzung nicht zulässig ist[377].

2. Die Zulässigkeit des Ultimatums unter der Geltung des Locarno-Vertrages

Eine weitere Einschränkung der rechtlichen Zulässigkeit des Ultimatums bringt für die beteiligten Staaten nach Ansicht von Frei und Asbeck der Locarno-Pakt[378]. Artikel 2 dieses Vertrages verpflichtet die Vertragspartner, in keinem Falle zu einem Angriff aufeinander zu schreiten. Da Asbeck[379] die Stellung eines Ultimatums schon als Angriff ansieht, wäre die allgemeine Unzulässigkeit eines Ultimatums zwischen den Vertragspartnern nach Artikel 2 des Locarno-Paktes die logische Folge. Frei[380] zieht den Schluß, daß nach Abschluß des Locarno-Vertrages alle Fälle auch nichtmilitärischer Bedrohung und damit wohl auch die entsprechenden Ultimaten ausgeschlossen gewesen seien.

3. Die Zulässigkeit des Ultimatums nach dem Briand-Kellogg-Pakt

Die nächste Entwicklungsstufe für die Beurteilung der Rechtmäßigkeit eines Ultimatums bringt der Briand-Kellogg-Pakt von 1928.

(a) Die Auffassung der Literatur

Asbeck[381] untersucht eingehend die Funktion und Zulässigkeit des Ultimatums mit bedingter Kriegserklärung unter der Geltung dieses Paktes. Obwohl nach überwiegender Auffassung der Pakt von Paris nicht alle Kriege als rechtswidrig erklärt hatte[382], geht Asbeck von der

---

[376] *Asbeck*, a.a.O., S. 22 f.

[377] *Asbeck*, a.a.O., S. 23; *Frei*, a.a.O., S. 54 ff.

[378] *Frei*, a.a.O., S. 78; *Asbeck*, a.a.O., S. 46.

[379] *Asbeck*, a.a.O., S. 46.

[380] *Frei*, a.a.O., S. 78.

[381] *Asbeck*, a.a.O., S. 51 ff.; die von ihm gefundenen Ergebnisse werden praktisch unverändert von *Frei*, a.a.O., S. 80 ff., übernommen.

[382] *Kunz*, The chaotic status of the laws of war and the urgent necessity for their revision, AJIL 45 (1951), S. 46, mit weiteren Nachweisen; *Mosler*, Die Kriegshandlung im rechtswidrigen Krieg, JiaöR 1948/49, S. 346; *Beinhauer*, Zur Neugestaltung des Kriegsrechts, Zeitschrift für Völkerrecht XXI

Voraussetzung aus, daß mit dem Abschluß des Briand-Kellogg-Paktes das Kriegsrecht untergegangen sei[383]. Alle jene Tatbestände, die sich zeitlich nach Abschluß des Paktes noch in den Formen des Krieges abspielten, verdienten nicht die völkerrechtliche Bezeichnung Krieg. Ein solches Verhalten sei nunmehr Paktbruch, und der Paktbrecher brauche nicht durch Anwendung des Kriegsrechts geschont zu werden.

Daraus zieht Asbeck weiter den Schluß, mit dem Entfallen des Kriegsrechtes sei auch ein Ultimatum mit initiativer Kriegsdrohung unzulässig geworden[384]. Wohl sei ein Ultimatum gegenüber einem Paktbrecher zulässig[385].

Der von Asbeck vertretenen Meinung vom Untergang des Kriegsrechts folgten in der Zeit unmittelbar nach Abschluß des Briand-Kellogg-Paktes noch andere Autoren[386], obwohl diese Auffassung bereits damals nicht unbestritten war[387].

Demgegenüber wird in der Völkerrechtslehre heute überwiegend die Auffassung vertreten[388], daß in jedem Kriege, sei er rechtswidrig oder rechtmäßig begonnen, die Regeln des Kriegsrechts beachtet werden müssen, und zwar nicht nur, wie Wehberg[389] meinte, als Normen mit rein

---

(1937), S. 116; *Borchard,* The Multilateral Treaty for the Renunciation of War, AJIL 23 (1929), S. 119; *Brown,* Undeclared Wars, AJIL 33 (1939), S. 540; *Wehberg,* Die Ächtung des Krieges, S. 108 f.; *v. d. Heydte,* a.a.O., Bd. II, S. 143 f.; *Verdroß,* a.a.O., S. 357; *Berber,* Lehrbuch des Völkerrechts, Bd. II, S. 35 ff.

[383] *Asbeck,* a.a.O., S. 54.

[384] *Asbeck,* a.a.O., S. 55; ebenso *Frei,* a.a.O., S. 84. Unter initiativer Kriegsdrohung versteht Asbeck die Drohung von seiten dessen, der den Kriegsweg als erster beschreitet.

[385] *Asbeck,* a.a.O., S. 56.

[386] Z. B. *Wehberg,* Die Ächtung des Krieges, S. 110; ähnlich noch die dann vom IMT abgelehnte These der Anklagevertreter Frankreichs und der USA in Nürnberg, de Menthon (IMT, Bd. V, S. 436) und Jackson (IMT, Bd. II, S. 173), die die Auffassung vertraten, in einem Krieg, der unter Verletzung des Völkerrechts begonnen sei, gelte kein Kriegsrecht, alles was dort geschehe, sei nach normalem Strafrecht zu bewerten.

[387] *Beinhauer,* Zeitschrift für Völkerrecht XXI (1937), S. 115 ff.; *Borchard,* AJIL 23 (1929), S. 118; *v. Bardeleben,* Die zwangsweise Durchsetzung im Völkerrecht, S. 86.

[388] *Kunz,* AJIL 45 (1951), S. 37 ff.; *Mosler,* JiaöR 1948/49, S. 349, mit weiteren Nachweisen; *Herz,* Hauptprobleme des Völkerrechts im Atomzeitalter, Die Friedenswarte 55 (1959/60), S. 104; *Brandweiner,* Sind die Vereinten Nationen den Kriegsgesetzen unterworfen?, Neue Justiz 1954, S. 225 ff.; *Schwarzenberger,* A Manual of International Law, Bd. I, S. 184; *Schenk,* Seekrieg und Völkerrecht, S. 28, mit weiteren Nachweisen; *Berber,* Lehrbuch des Völkerrechts, Bd. II, S. 57; *v. d. Heydte,* a.a.O., Bd. II, S. 194 und S. 221; *Verdroß,* a.a.O., S. 361; *Dahm,* a.a.O., Bd. III, S. 297.

[389] *Wehberg,* Die Ächtung des Krieges, S. 110.

moralischer Geltung, sondern als rechtsverbindliche Vorschriften, deren Verletzung ein zusätzliches Unrecht schafft[390].

(b) Die Auffassung der Völkerrechtspraxis

Die Auffassung von der Weitergeltung des Kriegsrechts auch nach Schaffung des Briand-Kellogg-Paktes beschränkt sich nicht nur auf die Literatur. Auch die völkerrechtliche Praxis hat sich diesen Standpunkt zu eigen gemacht. Dafür läßt sich zum einen die Rechtsprechung der Nürnberger Militärtribunale anführen. In ihr kommt auch die Rechtsauffassung der hinter den Gerichten stehenden Staaten zum Ausdruck.

Wiederholt haben die verschiedenen Militärgerichte ausgesprochen, daß der Beginn des Krieges keinesfalls das Ende aller Rechtsverpflichtungen bedeutet[391]. Dieser Satz gilt ohne Rücksicht darauf, ob es sich um einen gerechtfertigten oder ungerechtfertigten Krieg handelt, er findet selbst in einem verbrecherischen Angriffskrieg Anwendung[392]. Diese Auffassung der Völkerrechtspraxis wird weiter bestätigt durch die Schaffung neuer kriegsrechtlicher Übereinkommen auch in der Zeit nach Abschluß des Pariser „Kriegsächtungspaktes"[393].

(c) Der Briand-Kellogg-Pakt und das Ultimatum mit bedingter Kriegserklärung

Die Meinung von der Weitergeltung des Kriegsrechts dürfte sich zunächst auf die in der Haager Landkriegsordnung vom 18. Oktober 1907 niedergelegten Regeln des Rechts der eigentlichen Kriegsführung beziehen[394]. Es besteht jedoch kein Grund, die Weitergeltung auf diese Vorschriften zu beschränken und nicht auch die Weitergeltung des gesamten Komplexes des Kriegsrechts und damit auch des III. Haager Abkommens

---

[390] *Wengler*, a.a.O., Bd. II, S. 375.

[391] vgl. das Urteil des amerikanischen Militärgerichts vom 9. Februar 1948 im Kriegsverbrecher-Prozeß VII (sog. Geiselprozeß), hektographierte Prozeßakten, S. 10318; ebenso das Urteil vom 8./10. April 1948 im Prozeß IX (sog. Ohlendorf-Prozeß), S. 6923; dazu auch *von Knieriem*, Nürnberg, passim; *Schwarzenberger*, Legal Effects of Illegal War, Festschrift für Verdroß, S. 250.

[392] Urteil vom 27./28. Oktober 1948 im Prozeß XII (sog. OKW-Prozeß), S. 9842.

[393] vgl. das Genfer Abkommen zur Verbesserung des Loses der Verwundeten und Kranken der Heere im Felde vom 27. Juli 1929 (RGBl. 1934 II, S. 208); die Genfer Kriegsgefangenenkonvention vom 27. Juli 1929 (RGBl. 1934, II, S. 227 ff.) und die vier Genfer Rotkreuz-Konventionen vom 12. August 1949 (RGBl. 1954 II, S. 783).

[394] So wohl *Schätzel*, Die riskante Kriegshandlung, Festschrift für Thoma, S. 173 ff.

über die Eröffnung der Feindseligkeiten anzunehmen. Zum Komplex des Kriegsrechts gehört ebenfalls diese Haager Konvention[395].

Die Begründung, die für die Weitergeltung des Kriegsrechts als des im Kriege anwendbaren Rechtes gegeben wird, trifft für dieses Abkommen genauso zu wie für das übrige Kriegsrecht. Es sind überwiegend humanitäre Überlegungen und Erwägungen, mit denen die Weitergeltung begründet wird. Durch den Zwang zur Beachtung des Kriegsrechts soll vermieden werden, daß der Krieg wieder zur ungeregelten Anwendung schrankenloser Gewalt wird[396]. Dieselben Motive waren es, die zur Schaffung der III. Haager Konvention führten, so daß sie auch auf die Weitergeltung ihrer Vorschriften schließen lassen[397].

Gestützt wird dieser Schluß durch eine völkerrechtliche Praxis, aus der eine Rechtsüberzeugung von der Fortgeltung der III. Haager Konvention gefolgert werden kann. Zu erwähnen sind die im zweiten Weltkrieg abgegebenen Kriegserklärungen[398] und die Notifizierungen über den Beginn des Kriegszustandes gemäß Artikel II des III. Haager Abkommens an den Völkerbund[399].

Zieht man aus diesem Ergebnis die logischen Schlußfolgerungen, so ergeben sich starke Zweifel an der Behauptung Asbecks, daß ein Ultimatum auch mit initiativer Kriegsdrohung nach dem Briand-Kellogg-Pakt unzulässig sei. Rechtlich unzulässig kann nicht sein, was das Recht selbst vorschreibt. Die Weitergeltung des Kriegsvölkerrechts im weitesten Sinne neben den Vorschriften über das Verbot der Herbeiführung

---

[395] *Berber*, Lehrbuch des Völkerrechts, Bd. II, S. 74; *Verdroß*, a.a.O., S. 359; *v. d. Heydte*, a.a.O., Bd. II, S. 223.

[396] *Schwarzenberger*, Functions and Foundations of the Laws of War, Archiv für Rechts- und Sozialphilosophie XLIV (1958), S. 352; *Borchard*, AJIL 23 (1929), S. 118; *Schenk*, a.a.O., S. 29; *Oppenheim - Lauterpacht*, a.a.O., Bd. II, S. 218; *Verdroß*, a.a.O., S. 361; *v. d. Heydte*, a.a.O., Bd. II, S. 196.

[397] *Oppenheim — Lauterpacht*, a.a.O., Bd. II, S. 174 weisen darauf hin, daß selbst einer Kriegserklärung, die unter einem geltenden Kriegsverbot ausgesprochen wurde, rechtliche Wirkung zukomme; zustimmend das Urteil im Geisel-Prozeß VII, S. 10318; anderer Ansicht vielleicht *v. d. Heydte*, a.a.O., Bd. II, S. 201 der, obwohl prinzipiell von der Weitergeltung des III. Haager Abkommens ausgehend, die Auffassung vertritt, im modernen Völkerrecht sei die Kriegserklärung weithin gegenstandslos geworden, dem Ultimatum allerdings noch eine gewisse Berechtigung zugesteht (a.a.O., S. 202). Demgegenüber vertritt *Berber*, Lehrbuch des Völkerrechts, Bd. II, S. 88 die Auffassung, daß trotz Illegalisierung der Gewalt und der Androhung von Gewalt die Kriegserklärung und das Ultimatum nicht bedeutungslos geworden seien. *Oppenheim — Lauterpacht*, a.a.O., Bd. II, S. 297 meinen, daß die III. Haager Konvention zwischen UN-Mitgliedern gegenstandslos geworden sei.

[398] Einen Überblick und eine Aufzählung der im zweiten Weltkrieg erfolgten Kriegserklärungen gibt Keesings Archiv der Gegenwart XV (1945), S. 362.

[399] vgl. dazu *Mosler*, JiaöR 1948/49, S. 350.

eines Krieges[400] läßt — auch wenn diese gleichzeitige Geltung widerspruchsvoll erscheinen mag — ein Verbot des Ultimatums mit bedingter Kriegserklärung nach dem Briand-Kellogg-Pakt nicht zu.

Dieses Ergebnis mutet zunächst eigenartig an: obwohl der Krieg in den meisten Fällen ein Völkerrechtsdelikt darstellen wird, muß er unter Beachtung der geltenden Rechtsvorschriften des Völkerrechts begonnen werden. Ein Kriegsbeginn ohne Kriegserklärung oder Ultimatum mit bedingter Kriegserklärung würde seinerseits eine Völkerrechtsverletzung bedeuten[401]. Da eine Rechtsverletzung eine bestehende Rechtsnorm voraussetzt, Rechtspflichten sich aber nur auf rechtlich Zulässiges beziehen können, ist der Schluß, ein Ultimatum mit bedingter Kriegserklärung sei rechtlich unzulässig, nicht möglich.

Dieses Ergebnis ist die Folge der gleichzeitigen Geltung zweier sich auf den ersten Blick ausschließender Normengruppen: der Vorschriften des Kriegsverhütungsrechts und derjenigen des Kriegsrechts selbst[402]. Die innere Rechtfertigung dafür bietet das Wesen des Völkerrechts. Es ist eines jener noch unzulänglich ausgebildeten Rechtsgebiete[403], in denen sich die Geltung einer Vorschrift und ihre Wirksamkeit in sehr vielen Fällen nicht decken. Dieser Widerspruch geht vor allem auf das Fehlen einer Instanz zurück, die in der Lage wäre, die Beachtung aller völkerrechtlichen Normen notfalls zwangsweise durchzusetzen oder ihre Nichtbeachtung mit wirksamen Sanktionen zu bekämpfen[404].

---

[400] *Mosler*, JiaöR 1948/49, S. 344 f., führt aus, das Verbot des rechtswidrigen Krieges besage nichts gegen das Bestehen einer völkerrechtlichen Regelung der Kriegsführung in einem verbotswidrig ausgebrochenen Kampf; das Verbot der Herbeiführung eines Krieges und die Geltung des Kriegsvölkerrechts könnten nebeneinander bestehen, ohne sich zu widersprechen; ähnlich *Borchard*, AJIL 23 (1929) S. 118 und *Dahm*, a.a.O., Bd. III, S. 297; *Taubenfeld*, International armed forces and the rules of war, AJIL 45 (1951), S. 671.

[401] Das gilt auch heute noch, vgl. *Oppenheim — Lauterbach*, a.a.O., Bd. II, S. 297; *Verdroß*, a.a.O., S. 359; *Berber*, Lehrbuch des Völkerrechts, Bd. II, S. 89; nicht eindeutig *v. d. Heydte*, a.a.O., Bd. II, S. 201; „Der Angreifer, der nicht den Krieg erklärte, machte sich jedoch nach klassischem Völkerrecht durch diese Unterlassung — nicht schon durch den Angriff — einer Verletzung des Völkerrechts schuldig. Im modernen Krieg ist die Kriegserklärung weithin obsolet geworden".

[402] Das Völkerrecht unterschied bereits seit langem das ius ad bellum und das ius in bello, vgl. *Verdroß*, a.a.O., S. 354 und S. 358; *v. d. Heydte*, a.a.O., Bd. II, S. 193, *Berber*, Lehrbuch des Völkerrechts, Bd. II, S. 61.

[403] Einen Überblick über diese Unzulänglichkeiten gibt *Dahm*, a.a.O., Bd. II, S. 355: er verweist besonders auf das Fehlen einer zentralen Hoheitsgewalt mit eigenen Organen für die Ausübung etwa notwendigen Zwanges, das Fehlen einer obligatorischen Gerichtsbarkeit und den unzulänglichen Ersatz einer fehlenden überstaatlichen Exekutive durch ein auf unrealistischen Voraussetzungen beruhendes System kollektiver Sicherheit.

[404] Mit dieser Überlegung begründet *Dahm*, a.a.O., Bd. II, S. 435 die erhöhte Bedeutung der Repressalie in der augenblicklichen Übergangsphase des Völkerrechts.

Diese Erwägungen gelten gerade auch für das Kriegs- und das Gewaltsverhütungsrecht. Die mangelnde Wirksamkeit der gegen die Anwendung von Gewalt gerichteten Vorschriften ist eine Tatsache, die auch die eifrigsten Verfechter des Kriegsverhütungsrechts nicht leugnen können. Der bloße Bestand dieser Normen berechtigt bei der Eigenart des Völkerrechts nicht dazu, die Vorschriften über die Gewaltanwendung als gegenstandslos zu betrachten. Kann man die Verletzung einer Norm im Völkerrecht nicht verhindern, will man aber andererseits an ihr festhalten, so erscheint es angebracht, die eigentliche Verletzungshandlung in möglichst unschädliche Formen zu lenken.

b) Die Zulässigkeit eines Ultimatums nach der UN-Charta

Die Charta der Vereinten Nationen vom 26. Juni 1945, die praktisch allgemeine Geltung erlangt hat, nachdem die Organisation selbst inzwischen auf mehr als 100 Mitgliedstaaten angewachsen ist, könnte zu einer neuen Beurteilung der mit dem Begriff Ultimatum verbundenen Fragen führen.

Besonders wichtig ist in diesem Zusammenhang die Verpflichtung der UN-Mitglieder „sich in ihren internationalen Beziehungen von der Drohung oder dem Gebrauch von Gewalt gegenüber der territorialen Integrität (Unverletzlichkeit) oder politischen Unabhängigkeit irgendeines Staates oder von allem, was nicht irgendwie mit den Zielen der Vereinten Nationen in Einklang zu bringen ist"[405], fernzuhalten.

Dieser Vorschrift der Charta kommt für die internationalen Beziehungen, in deren Bereich auch das Rechtsinstitut des Ultimatums gehört, entscheidende Bedeutung zu.

1. Das Ultimatum mit bedingter Kriegserklärung
unter der Geltung der UN-Charta

Es fragt sich zunächst, welche Folgerungen sich aus Artikel 2 Abs. IV UN-Charta für das Ultimatum mit bedingter Kriegserklärung ergeben. Die Ergänzungen, die die UN-Charta mit dieser Vorschrift gegenüber dem Briand-Kellogg-Pakt gebracht hat, sind für den Krieg von geringerer Bedeutung. Der Pariser Kriegsächtungspakt bezog sein Gewaltverbot ausdrücklich nur auf den Krieg. Damit war das Problem der Abgrenzung des Krieges von anderen erlaubten Mitteln der Gewaltanwendung in den internationalen Beziehungen aufgetaucht. Die Frage der

---

[405] Art. 2 Abs. IV UN-Charta.

Abgrenzung beider Begriffe stellte die Staatengemeinschaft vor schwierigste Probleme. So wurde versucht, das Kriegsverbot des Briand-Kellogg-Paktes dadurch zu umgehen, daß derjenige, der Gewaltmaßnahmen in den internationalen Beziehungen anwandte, einfach den kriegerischen Charakter seiner Handlungen bestritt[406]. Dieses Dilemma wollten die Urheber der UN-Charta mit deren weiteren Formulierungen beseitigen.

Zwar hat sich durch das neue Verbot „der Drohung oder des Gebrauchs von Gewalt" für den Krieg keine Änderung ergeben. Artikel 2 Abs. IV der UN-Charta geht, was den Krieg selbst anbetrifft, nicht über den Briand-Kellogg-Pakt hinaus. Ebensowenig wie der Briand-Kellogg-Pakt hat die UN-Charta ein absolutes Verbot des Krieges geschaffen[407]. Unter der UN-Charta besteht selbst noch die Möglichkeit, legale Angriffskriege zu führen[408], d. h. daß auch heute noch ein Staat, der als erster die Feindseligkeiten eröffnet, legal handeln kann. Denkbar ist ein solcher legaler Angriffskrieg beispielsweise als Kollektivaktion nach Artikel 42 der UN-Charta oder gegen einen unmittelbar bevorstehenden Angriff von Seiten des Gegners. Militärische Maßnahmen auf Anordnung des Sicherheitsrats nach Artikel 42 ff. der UN-Charta können durchaus den Charakter eines Krieges im völkerrechtlichen Sinne annehmen[409]. Die auf Anordnung der Vereinten Nationen durchgeführten Kriegsmaßnahmen würden dabei dem Kriegsrecht unterstehen[410].

Ebenso sind Kriege im Rahmen der kollektiven und individuellen Selbstverteidigungsmaßnahmen nach Artikel 51 der UN-Charta zulässig. Nach dem sich ausdrücklich auf diese Vorschrift der Charta beziehenden Artikel 5 des Nordatlantik-Paktes vom 4. April 1949 sind die Vertragspartner gegenseitig für den Fall eines Angriffs zu wechselseitiger Hilfe einschließlich des Gebrauchs von militärischer Gewalt verpflichtet. Sieht man von dem Problem der Feststellung ab, wann ein Angriff vorliegt[411], so ist auch hier für die nicht angegriffenen Staaten die Möglichkeit ge-

---

[406] vgl. die Beispiele bei *Berber*, Lehrbuch des Völkerrechts, Bd. II, S. 38 und S. 41; *Dahm*, a.a.O., Bd. II, S. 339 f.

[407] vgl. dazu *Berber*, Lehrbuch des Völkerrechts, Bd. II, S. 40 f.; *Kunz*, AJIL 45 (1951), S. 53 und Anm. 358 der Untersuchung.

[408] *Berber*, Lehrbuch des Völkerrechts, Bd. II, S. 56; *Verdroß*, a.a.O., S. 353; so wohl auch *v. d. Heydte*, a.a.O., Bd. II, S. 163. Er bezweifelt allerdings bei legitimer Nothilfe mit kriegerischer Gewalt die Verpflichtung zur vorherigen Kriegserklärung (a.a.O., S. 202).

[409] *Berber*, Lehrbuch des Völkerrechts, Bd. II, S. 56.

[410] *Brandweiner*, Neue Justiz 1954, S. 226 unter ausdrücklichem Hinweis auf Art. 42 der UN-Charta; *Berber*, Lehrbuch des Völkerrechts, Bd. II, S. 60; *Stone*, a.a.O., S. 315 macht lediglich die Einschränkung, daß die Streitkräfte der UN „stricto sensu would not be bound by treaty rules of law".

[411] Zu dieser Problematik und den verschiedenen Lösungsversuchen, vgl. *Berber*, Lehrbuch des Völkerrechts, Bd. II, S. 48 ff.; *Verdroß*, a.a.O., S. 352 ff. mit weiteren Nachweisen, *v. d. Heydte*, a.a.O., Bd. II, S. 147 ff.

geben, in einen für sie legalen Krieg verwickelt zu werden[412]. Durch den infolge eines Angriffs in Bewegung gesetzten Vertragsmechanismus wären sie unter Umständen sogar zu einem kriegerischen Eingreifen verpflichtet. Für einen solchen Fall besteht kein Grund, sie von der Beachtung des Kriegsrechts freizustellen. Sie wären dann aber auch zur Einhaltung der Vorschriften nach der III. Haager Konvention, also zur Überreichung einer Kriegserklärung oder eines Ultimatums mit bedingter Kriegserklärung verpflichtet. Politische Erwägungen oder die Tatsache, daß z. B. eine der Großmächte an einer solchen Auseinandersetzung beteiligt sein könnte, würden zwar möglicherweise dazu führen, daß diese Verpflichtung nicht beachtet wird. Solche Erwägungen, die unter dem Gesichtspunkt reiner Zweckmäßigkeit angestellt werden, vermögen jedoch an der Verbindlichkeit dieser Vorschriften nichts zu ändern[413]. Es ist im Gegenteil so, daß gerade in einem solchen Falle ein Ultimatum mit der Forderung, den Angriff abzubrechen, dem Geist der UN-Charta am ehesten entsprechen würde. Der Beachtung der III. Haager Konvention, vor allem durch Stellung eines Ultimatums mit bedingter Kriegserklärung, kann im Falle einer Kollektivaktion, aber auch bei einem individuellen Kriege, praktische (u. U. sogar kriegsverhütende) Bedeutung zukommen, weil der Rechtsbrecher durch eine solche bedingte Kriegserklärung seines Gegners zum Einlenken gezwungen werden könnte. Es ist somit zu sagen, daß die Beteiligten auch hier die III. Haager Konvention zu beachten hätten. Dieses Ergebnis läßt sich weiterhin mit folgender Erwägung rechtfertigen: die UN-Charta macht mit ihrem System der Gewaltverhütungsvorschriften erkennbar, daß die Anwendung von Gewalt im Rahmen einer Kollektivaktion nur ein äußerstes Mittel sein soll. Diesem Mittel haben die weniger einschneidenden Maßnahmen, wozu auch die Androhung von Gewalt, notfalls auch eine bedingte Kriegserklärung gehören, voraufzugehen.

Es läßt sich damit zu diesem Punkte sagen, daß zumindest bei den Kriegen, die ausnahmsweise nach der UN-Charta zulässig sind, die Stellung eines Ultimatums mit bedingter Kriegserklärung als einer der beiden möglichen Formen einer Kriegserklärung notwendig und damit zulässig ist[414].

---

[412] UN-Charta und Briand-Kellog-Pakt stellen nur auf die Legalität des Krieges, nicht auf die klassische Lehre vom „bellum iustum" ab, vgl. *Kunz* bei *Strupp — Schlochauer*, Wörterbuch des Völkerrechts, Bd. II, S. 330; *Schwarzenberger*, Verdroß-Festschrift, S. 244; *Berber*, Lehrbuch des Völkerrechts, Bd. II, S. 40.

[413] *Greenspan*, a.a.O., S. 38 meint sogar, es sei schwierig, sich eine Lage vorzustellen, in der ein Staat, der einen legalen Krieg führt, an der vorherigen förmlichen Erklärung des Krieges in Übereinstimmung mit der III. Haager Konvention gehindert sei.

[414] *Oppenheim — Lauterpacht*, a.a.O., Bd. II, S. 297 halten ein Ultimatum mit bedingter Kriegserklärung nur „in general" für eine Verletzung der UN-Charta.

Bei den nach der UN-Charta illegalen Kriegen dürfte eine Änderung gegenüber der für den Briand-Kellogg-Pakt entwickelten Rechtslage nicht eingetreten sein. Die bereits im Pariser Kriegsächtungspakt enthaltene und von der UN-Charta bestätigte Erklärung, daß Kriege im Regelfalle illegal seien, hat den grundsätzlichen Zwang zur Beachtung kriegsrechtlicher Vorschriften auch in einem illegalen Kriege nicht aufgehoben[415]. Ihre Mißachtung würde neben der Verletzung der Kriegsverhütungsvorschriften eine erneute Rechtsverletzung darstellen. Es gilt auch hier das schon oben gefundene Ergebnis, daß selbst bei einem Entschluß zu einem illegalen Krieg eine Kriegserklärung oder ein Ultimatum mit bedingter Kriegserklärung der Eröffnung der Feindseligkeiten vorausgehen muß.

Angesichts des klaren Wortlauts des Art. 2 Abs. IV der UN-Charta, der auch die Androhung von Gewalt verbietet, worunter nach h. M. gerade militärische Gewalt zu verstehen ist[416], erscheint dieses Ergebnis noch weniger verständlich als unter der Geltung des Briand-Kellogg-Paktes. In Anbetracht der Tatsache, daß, solange Kriege nicht wirklich vermieden werden können, Kriegsrecht und das Recht zur Verhütung des Krieges nebeneinander bestehen, ist es jedoch nicht zu umgehen. Der Schluß, einem illegalen Angreifer zwar im Kampfe selbst die Einhaltung der Gebräuche und Regeln des Krieges aufzuerlegen, ihn aber rechtlich von der Beachtung der den gleichen Zwecken dienenden III. Haager Konvention freizustellen, wäre noch widersprüchlicher. Das Verbot des Art. 2 Abs. IV der UN-Charta hat keine Folgen für das Ultimatum mit bedingter Kriegserklärung, solange der Widerspruch zwischen den Vorschriften des Kriegsverhütungs- und des Kriegsführungsrechts nicht wirksam gelöst ist. Eine solche Erklärung ist weiter rechtlich geboten und damit zulässig.

2. Die Bedeutung der UN-Charta für die übrigen Ultimaten

Die Untersuchung, inwieweit Ultimaten, die keine bedingte Kriegserklärung enthalten, heute noch zulässig sind, wird durch den bisher

---

[415] So auch ausdrücklich *Taubenfeld*, AJIL 45 (1951), S. 671 ff.; *Kunz*, Artikel „Kriegsbegriff" bei *Strupp — Schlochauer*, a.a.O., Bd. II, S. 332; *Greenspan*, a.a.O., S. 9 mit weiteren Nachweisen.

[416] *Oppenheim - Lauterpacht*, a.a.O., Bd. II, S. 153; *Bowett*, a.a.O., S. 148; *Goodrich - Simons*, The United Nations and the Maintenance of International Peace and Security, S. 14; *Goodrich - Hambro*, Charter of the United Nations, S. 104; *Verdroß*, a.a.O., S. 543; *Berber*, Lehrbuch des Völkerrechts, Bd. II, S. 41, *Dahm*, a.a.O., Bd. II, S. 357; *Kelsen*, The Law of the United Nations, S. 365; *Sørensen*, Principes du Droit International Public, RdC 101 (1960/III), S. 236; *Wilhelm*, La Réalisation du Droit par la Force ou la Menace des Armes, Annuaire Suisse de Droit International XV (1958); S. 94; *Waldock*, The Regulation of the use of force by individual states in international law, RdC 81 (1952/II), S. 492.

behandelten Art. 2 Abs. IV der UN-Charta nicht beeinflußt. Nach der vorerwähnten Auffassung fallen wirtschaftliche oder diplomatische Zwangsmaßnahmen nicht unter das Verbot dieser Vorschrift. Über diese Auslegung könnte man im Wege eines Schlusses a maiore ad minus zu einer allgemeinen Zulässigkeit derjenigen Ultimaten kommen, die keine bedingte Kriegserklärung enthalten.

(a) Die Bedeutung des Art. 2 Abs. III der UN-Charta

Bei der soeben angedeuteten Schlußfolgerung bliebe Art. 2 Abs. III der UN-Charta unbeachtet. In dieser Vorschrift werden die UN-Mitglieder verpflichtet, zur Regelung internationaler Streitigkeiten nur friedliche Mittel anzuwenden. Der Begriff Streitigkeit meint dabei den Fall, daß eine Seite einen Anspruch geltend macht und die andere Seite sich widersetzt[417].

Ergänzend zu Art. 2 Abs. III UN-Charta ist daneben Art. 33 UN-Charta heranzuziehen, der die Parteien irgendeines Streitfalles[418] zur Lösung durch bestimmte Maßnahmen auffordert. Kelsen sieht in dieser Vorschrift eine abschließende Aufzählung der für die friedliche Streiterledigung zulässigen Mittel[419]. Diese Auslegung der Vorschrift des Art. 2 Abs. III UN-Charta ist jedoch nicht unbestritten[420], obwohl auch diejenigen Autoren, die außer den ausdrücklich in Art. 33 UN-Charta aufgezählten Mitteln auch andere zulassen wollen, diese Norm einschränkend auslegen[421].

Sieht man in der Stellung eines Ultimatums die Beendigung des Verhandlungsstadiums oder behandelt man einen solchen Schritt als mit diesem Stadium der internationalen Beziehungen in Widerspruch stehend[422], so müßte man aufgrund der Meinung Kelsens gemäß Artikel 2

---

[417] *Kelsen*, a.a.O., S. 360 (mit weiteren Nachweisen): „A dispute exists only if one party makes a claim against another party and the other party rejects to him".

[418] Es gilt die Einschränkung, daß es sich um Streitfälle handeln muß, deren Fortdauer die Aufrechterhaltung des internationalen Friedens und der internationalen Sicherheit zu gefährden scheint.

[419] *Kelsen*, a.a.O., S. 376: „The enumeration of the peaceful means for the solution of the dispute negotiation, enquiry, mediation, conciliation, arbitration, judicial settlement, resort to regional agencies or arrangements is exhaustive. There are not other means of peaceful settlement".

[420] *Goodrich - Hambro*, a.a.O., S. 102 sprechen von einer „detailed though not exhaustive enumeration of peaceful settlements"; auch *Waldock*, RdC 81 (1952/II), S. 489 sieht in Art. 33 UN-Charta nur eine beispielhafte Aufzählung.

[421] *Goodrich - Hambro*, a.a.O., S. 102: „Interpreted in the light of para. 4 this principle would seem to prohibit any method of settlement involving the use of force short of war".

[422] *Stone*, a.a.O., S. 307; vgl. dazu auch Anm. 364.

Abs. III der UN-Charta in Verbindung mit Art. 33 Abs. II der UN-Charta zur Unzulässigkeit des Ultimatums gelangen[423]. Gegen diese Auffassung Kelsens spricht jedoch der Wortlaut des Art. 33 Abs. I der UN-Charta, wonach die aufgezählten Streiterledigungsmethoden „in erster Linie" zu wählen sind[424]. In dieser Vorschrift sind daneben aber auch „andere friedliche Mittel nach der eigenen Wahl" der an dem Streitfall beteiligten Parteien ausdrücklich für zulässig erklärt.

Daraus ist zu entnehmen, daß Ultimaten, wenn sie sich nur im Rahmen „friedlicher Mittel" halten, bei der Lösung internationaler Streitfragen zulässig sind.

(b) Die zulässigen Mittel der Drohung in einem Ultimatum

Die Verpflichtung der UN-Charta zur friedlichen Streiterledigung hat hauptsächlich für die Ankündigung bzw. Androhung[425] eigener Maßnahmen innerhalb des Ultimatums Bedeutung[426]. Die in einem Ultimatum ankündbaren Maßnahmen oder Drohmittel können die Zwangsmittel des Völkerrechts sein. Darunter sind nach h. M. Retorsion, Repressalie, Embargo, Blockade und Intervention zu verstehen[427]. Diese Vielfalt von Zwangsmitteln läßt sich auf zwei Grundformen zurückführen: Retorsion

---

[423] Zu diesem Ergebnis müßte wohl *v. d. Heydte* kommen, der als typisches Mittel der im Friedenszustand angedrohten Gewalt auch das Ultimatum ansieht (a.a.O., Bd. II, S. 105).

[424] Aus dem Wortlaut des Art. 33 UN-Charta läßt sich nicht entnehmen, daß eine bestimmte zeitliche Reihenfolge der verschiedenen Streiterledigungsmittel einzuhalten ist. Wenn man andere als die in dieser Vorschrift aufgezählten Mittel zur Lösung von Streitfällen für zulässig hält, so bedeutet das im Gegensatz zu der von *Meissner*, a.a.O., S. 195 vertretenen Auffassung, daß einem Ultimatum nicht unbedingt Verhandlungen vorauszugehen haben.

[425] Eine Drohung wird durch die Tatsache nicht ausgeschlossen, daß das angekündigte Verhalten, aus dem Rahmen des konkret gestellten Ultimatums herausgelöst und für sich allein betrachtet etwas unmittelbar Nachteiliges für den Erklärungsempfänger nicht enthält; vgl. oben Anm. 92. *Asbeck*, a.a.O., S. 26; vgl. dazu auch die Chruschtschow-Rede vom 19. Juni 1959 beim Besuch einer Delegation aus der Sowet-Zone in Moskau (IRuD 1960, S. 434). Die Ankündigung, einen Friedensvertrag abschließen zu wollen, hat für sich genommen nichts Drohendes, in der Berlin- und Deutschlandfrage kann ihr dieser Charakter nicht abgesprochen werden.

[426] Die Bedeutung der Forderung für die Rechtmäßigkeit des Ultimatums kann nur im Einzelfalle unter Berücksichtigung der gesamten Situation zwischen Absender und Empfänger des Ultimatums beurteilt werden; *Asbeck*, a.a.O., S. 31 ff.; *Bauer*, Artikel „Ultimatum" bei *Strupp - Schlochauer*, Wörterbuch des Völkerrechts, Bd. III, S. 468.

[427] *Widmer*, Der Zwang im Völkerrecht, S. 24 ff. mit weiteren Nachweisen; *v. Bardeleben*, a.a.O., S. 11 ff. mit weiteren Nachweisen; *Waldock*, RdC 81 (1952/II), S. 457; *Verdroß*, a.a.O., S. 344.

und Repressalie. Die anderen Rechtsinstitute sind in Wirklichkeit nur besonders häufig vorkommende Beispiele dieser beiden Hauptgruppen[428].

(1) Die Ankündigung von Retorsionen

Retorsionen sind solche Gegenmaßnahmen auf eine Unbilligkeit oder Härte eines anderen Völkerrechtssubjekts, die keine Rechtsverletzung enthalten, sondern die selbst nur eine Unbilligkeit oder Härte darstellen[429].

Derartige Handlungen, die unfreundliche Akte, aber keine Völkerrechtsverletzung bilden, sind nach heutigem Völkerrecht noch unbeschränkt anwendbar[430]. Als angedrohtes Verhalten im Rahmen eines Ultimatums sind sie folglich ebenfalls ohne Einschränkungen zulässig[431]. Falls ein Ultimatum mit berechtigter Forderung für den Fall ihrer Nichterfüllung eine Ankündigung der geschilderten Art enthält, ist das Ultimatum rechtmäßig und zulässig.

(2) Die Ankündigung von Repressalien

Die Repressalie — nach h. M.[432] eine Zwangsmaßnahme, durch die ein zugefügtes Unrecht mit einer für sich gesehen ebenfalls rechtswidrigen

---

[428] So auch *Waldock*, RdC 81 (1952/II), S. 457 und *Widmer*, a.a.O., S. 34 und S. 91.

[429] So *Dahm*, a.a.O., Bd. II, S. 435; *Berber*, Lehrbuch des Völkerrechts, Bd. II, S. 238; *Schütze*, Die Repressalie unter besonderer Berücksichtigung der Kriegsverbrecherprozesse, S. 16. Nach der etwas abweichenden, wohl zutreffenderen Auffassung (*Schumann*, Die Repressalie, S. 31; *v. Bardeleben*, a.a.O., S. 11; *Widmer*, a.a.O., S. 25 f.; *Verdroß*, a.a.O., S. 344; *v. d. Heydte*, a.a.O., Bd. I, S. 316) ist Voraussetzung einer Retorsion nicht unbedingt ein bloß unfreundlicher Akt, allein entscheidend ist vielmehr die beantwortende Handlung selbst. Auch eine Rechtsverletzung kann mit einer bloßen Unbilligkeit beantwortet werden, so daß nur der Rechtscharakter der Gegenmaßnahme selbst für ihre Einordnung als Retorsion oder Repressalie von Bedeutung ist.

[430] *Dahm*, a.a.O., Bd. II, S. 436.

[431] Unzutreffend ist die Auffassung *Berbers*, Lehrbuch des Völkerrechts, Bd. II, S. 15, die Retorsion sei eine Zwangsmaßnahme vom Charakter einer „measure short of war". Dieser Begriff dient der Abgrenzung solcher militärischer Maßnahmen, die keine Kriegshandlungen sind, von kriegerischen Maßnahmen (Beispiele bei *Dahm*, a.a.O., Bd. II, S. 357; dazu gehören z. B. die Entsendung von „Freiwilligen" zur Teilnahme an militärischen Operationen in fremden Staaten und die völkerrechtswidrige Belassung von Truppen auf fremdem Hoheitsgebiet). Handlungen, die ihrem Charakter nach nicht Kriegshandlungen sein können, fallen von vornherein nicht unter diesen Begriff. Für die Beurteilung der „measures short of war" ist Art. 2 Abs. IV UN-Charta, nicht Art. 2 Abs. III UN-Charta anzuwenden.

[432] *Dahm*, a.a.O., Bd. II, S. 426 ff.; *Berber*, Lehrbuch des Völkerrechts, Bd. II, S. 235; *v. d. Heydte*, a.a.O., Bd. II, S. 316 f.; *Verdroß*, a.a.O., S. 345; *Waldock*, RdC 81 (1952/II) S. 460; *Widmer*, a.a.O., S. 32; *v. Bardeleben*, a.a.O., S. 13; *Schumann*, a.a.O., S. 13; *Schütze*, a.a.O., S. 25.

Maßnahme beantwortet wird — ist eine weitere Form des völkerrechtlichen Zwanges, genauer der völkerrechtlichen Selbsthilfe[433], für deren Durchführung besondere Regeln gelten. Der hier allein in Betracht kommenden Friedensrepressalie, die immer schon ein wichtiges Mittel völkerrechtlicher Rechtsverfolgung bildete, kommt im Rahmen des Ultimatums wesentliche Bedeutung zu[434].

Das Repressalienrecht ist, wenn auch durch die UN-Charta eingeschränkt, noch immer Teil des heutigen Völkerrechts[435], wenn auch die h. M. annimmt[436], daß Repressalien, die die Anwendung oder Androhung von Gewalt im Sinne von Art. 2 Abs. IV UN-Charta, also militärischer bzw. physischer Gewalt, darstellen, unzulässig sind[437].

Sofern ihre besonderen Voraussetzungen[438] vorliegen, sind Repressalien im Völkerrecht weiterhin zulässig und als Drohmittel auch in einem Ultimatum verwendbar. Über die Rechtmäßigkeit eines Ultimatums, das zur Durchsetzung der gestellten Forderungen Repressalien androht, entscheidet praktisch das Repressalienrecht.

Die hier vertretene Meinung von der Zulässigkeit einer Repressalienankündigung im Rahmen eines Ultimatums wird dadurch gestützt, daß nach der h. L. als Zulässigkeitsvoraussetzung vor Beginn einer Repressalienaktion eine Mahnung notwendig ist[439]. Es ist nicht ausgeschlossen, diese Mahnung in die Form eines Ultimatums zu kleiden. Damit würde vor die Stufe der eigentlichen Gewaltanwendung noch ein Stadium gesetzt, das dem Repressalienobjekt Gelegenheit gibt, die berechtigten Forderungen des Gegners zu erfüllen.

---

[433] v. d. Heydte, a.a.O., Bd. I, S. 316.

[434] Dahm, a.a.O., Bd. II, S. 435: „Gerade weil das moderne VR dazu neigt, den Einsatz der Waffengewalt auf ein Mindestmaß zu beschränken, besteht ein Bedürfnis für die Repressalie in anderen Formen in der Übergangszeit, nämlich so lange, bis sich eine obligatorische Gerichtsbarkeit und die Möglichkeit der Vollstreckung von Entscheidungen internationaler Instanzen durchgesetzt hat".

[435] Dahm, a.a.O., Bd. II, S. 433; Verdroß, a.a.O., S. 543 mit weiteren Nachweisen.

[436] Bowett, a.a.O., S. 13; Dahm, a.a.O., Bd. II, S. 433; Waldock, RdC 81 (1952/II), S. 494 erklärt „peaceful reprisals" für zulässig; Verdroß, a.a.O., S. 543; Goodrich - Hambro, a.a.O., S. 102; a. A. ohne Begründung Schütze, a.a.O., S. 29.

[437] Dies sind die erwähnten „measures short of war".

[438] vgl. dazu Dahm, a.a.O., Bd. II, S. 428 ff.; Verdroß, a.a.O., S. 345; Waldock, RdC 81 (1952/II), S. 460; Schütze, a.a.O., S. 32 ff.

[439] Dahm, a.a.O., Bd. II, S. 429; Verdroß, a.a.O., S. 345; v. d. Heydte, a.a.O., Bd. I, S. 317; Schütze, a.a.O., S. 32; Waldock, RdC 81 (1952/II), S. 460.

(3) Die Intervention im Rahmen eines Ultimatums

Die Beurteilung der Bedeutung der Intervention[440] für das Ultimatum setzt zunächst eine Klärung dieses heftig umstrittenen Begriffes[441] voraus. Nach einer Auffassung ist darunter zu verstehen eine solche Einmischung in die Angelegenheiten eines anderen Staates, die dessen gebietliche oder politische Unabhängigkeit beeinträchtigt[442]. So verstanden wäre es fraglich, ob die Androhung einer Intervention im Rahmen eines Ultimatums zulässig ist[443].

Nach einer anderen Auffassung ist der Begriff Intervention rein normativ zu bestimmen als jene Form des Eingriffs in die nach dem Grundsatz der Selbstbestimmung einem anderen Staaten zustehenden Rechte, die ohne einen Rechtfertigungsgrund des allgemeinen Völkerrechts oder ohne eine besondere Gestattung erfolgt[444]. Intervention bedeutet danach begriffsnotwendig auch immer die Unzulässigkeit des Eingriffs, so daß Interventionen im Rahmen eines Ultimatums nicht angedroht werden dürften[445].

Eine dritte Auffassung schließlich, die man als die wohl überwiegend vertretene bezeichnen kann, versteht unter Intervention jede zwangs-

---

[440] Embargo und Friedensblockade bedürfen keiner gesonderten Behandlung. Als Unterfälle der Repressalie gelten für sie im wesentlichen dieselben Grundsätze, die für die Repressalie aufgeführt wurden, neben den besonderen Voraussetzungen der einzelnen Repressalienmaßnahme. Die Friedensblockade hält *Dahm*, a.a.O., Bd. II, S. 438, als mit Art. 2 Abs. IV UN-Charta im Widerspruch stehend für unzulässig; anderer Ansicht *Verdroß*, a.a.O., S. 346, der die Zulässigkeit der Friedensblockade nach allgemeinem Völkerrecht bejaht. Diese Auffassung vertritt auch *Waldock*, RdC 81 (1952/II), S. 458.

[441] *Haedrich*, Artikel „Intervention" bei *Strupp - Schlochauer*, a.a.O., Bd. II, S. 144 ff.

[442] *Waldock*, RdC 81 (1952/II), S. 461.

[443] *Waldock*, RdC 81 (1952/II), S. 461 hält sie unter vier Voraussetzungen für zulässig: 1. nach vertraglicher Vereinbarung; 2. als berechtigte Repressalie; 3. als Schutz für Staatsangehörige in einem anderen Land; 4. in Notwehr; *Kelsen*, United Nations, S. 770 hält sie nur im Falle der Selbstverteidigung und im Rahmen kollektiver Zwangsmaßnahmen für zulässig, im übrigen jedoch für eine Verletzung von Art. 2 Abs. 4 UN-Charta; ähnlich: *Bowett*, a.a.O., S. 14; *Dahm*, a.a.O., Bd. I, S. 205; *Sørensen*, RdC 101 (1960/III) S. 245; *Verdroß*, a.a.O., S. 167, der dann jedoch von Interzession sprechen würde.

[444] *Berber*, Lehrbuch des Völkerrechts, Bd. I, S. 185; ähnlich *Verdroß* a.a.O., S. 167, der zwischen verbotener Intervention und erlaubter Interzession unterscheidet.

[445] Ein grundsätzliches Interventionsverbot wird von der herrschenden Meinung nicht anerkannt: *Kelsen*, United Nations, S. 770; *Bowett*, a.a.O., S. 14; *Dahm*, a.a.O., Bd. I, S. 205; *Sørensen*, RdC 101 (1960/III), S. 245; *Wengler*, a.a.O., Bd. I, S. 848.

weise Einmischung in die Angelegenheiten eines anderen Staates ohne Rücksicht darauf, ob der Eingriff rechtmäßig oder rechtswidrig ist[446].

Der Begriff der Intervention stellt sich nach dieser Auffassung nur als Oberbegriff der Begriffe Retorsion und Repressalie[447], also völkerrechtlicher Zwangsmaßnahmen, dar. Schließt man sich diesem überwiegenden Sprachgebrauch an, so folgt daraus sofort die weitere Frage, wie die Intervention in ihrer schärfsten Form, nämlich unter Anwendung von Waffengewalt, vom Kriege abzugrenzen ist. Diese Abgrenzung ist ebenso umstritten wie die Bestimmung der Begriffe Krieg und Intervention selbst[448]. Eine Unterscheidung dürfte nur negativ in der Form möglich sein, daß man alle jene militärischen Maßnahmen als Interventionen bezeichnet, die nicht Kriegshandlungen darstellen. Eine Bestimmung des Begriffes Intervention erfordert somit zugleich eine Bestimmung des Kriegsbegriffes. Diese Definition ist unter Anwendung verschiedener Gesichtspunkte versucht worden: zur Abgrenzung wurden einmal subjektive Merkmale (nämlich die kriegerische Absicht der beteiligten Parteien), zum anderen objektive Merkmale (etwa die Art und Schwere des Eingriffs) oder Zusammenfassungen beider Gesichtspunkte herangezogen[449].

Wenn durch Anwendung aller Abgrenzungsmöglichkeiten eine völlige Sicherheit nicht zu erreichen ist, so verdient doch die Unterscheidung nach subjektiven Gesichtspunkten, d. h. danach, ob die beteiligten Parteien den Krieg und die damit verbundene Ablösung des Friedensrechtes durch die Geltung des Kriegsrechtes wollen, den Vorzug. Krieg läßt sich danach definieren als der völkerrechtliche Zustand zwischen zwei oder mehreren Staaten, in dem nicht das Friedensrecht, sondern die Regeln des Kriegsrechts gelten[450]. Die Absicht eines oder aller beteiligten Staa-

---

[446] *Oppenheim - Lauterpacht*, a.a.O., Bd. I, S. 305; *Dahm*, a.a.O., Bd. I, S. 202; *v. d. Heydte*, a.a.O., Bd. I, S. 316.

[447] *Haedrich*, Artikel „Intervention" bei *Strupp - Schlochauer*, a.a.O., Bd. II, S. 145; *v. d. Heydte*, a.a.O., Bd. I, S. 316; *Wengler*, a.a.O., Bd. I, S. 847/848.

[448] *Kunz*, Artikel „Kriegsbegriff" bei *Strupp - Schlochauer*, a.a.O., Bd. II, S. 330/331; *Haedrich*, Artikel „Intervention" bei *Strupp - Schlochauer*, a.a.O., S. 145; *Berber*, Lehrbuch des Völkerrechts, Bd. II, S. 1 ff.

[449] Einen Überblick über diese Versuche geben: *Berber*, Lehrbuch des Völkerrechts, Bd. II, S. 2 ff.; *Kunz*, Artikel „Kriegsbegriff" bei *Strupp - Schlochauer*, a.a.O., Bd. II, S. 331 mit weiteren Nachweisen. *Wengler*, a.a.O., Bd. II, S. 1360/1361 geht von mehreren möglichen Kriegsbegriffen aus. *Kelsen*, Principles, S. 26 unterscheidet Krieg als Begriff im Sinne eines Zustandes und im Sinne besonderer Handlungen. *Kelsen* versteht unter Krieg den Zustand zwischen Staaten, in dem militärische Handlungen (use of armed force) vollzogen werden (Principles, S. 33). Dabei bleibt aber gerade die Abgrenzung von Intervention und Krieg unklar.

[450] *Berber*, Lehrbuch des Völkerrechts, Bd. II, S. 3 mit weiteren Nachweisen; *Verdroß*, a.a.O., S. 351/352; *Stone*, a.a.O., S. 304 mit weiteren Nach-

ten, diesen Zustand herbeizuführen, läßt sich entweder aus dem Vorliegen einer ausdrücklichen Kriegserklärung oder aus dem sonstigen Verhalten der Beteiligten entnehmen[451]. Legt man diese Abgrenzung der Begriffe Krieg oder Intervention zugrunde, so folgt daraus, daß dem so gewonnenen Begriff der Intervention eine selbständige Bedeutung für die rechtliche Beurteilung des Ultimatums nicht zukommt. Das Fehlen eines allgemeinen Zwangsverbotes im Völkerrecht schließt auch ein allgemeines Interventionsverbot aus[452]. Führt die Untersuchung der jeweiligen unter den Interventionsbegriff fallenden nicht kriegerischen Zwangsmaßnahme zu dem Ergebnis, daß es sich um ein völkerrechtlich zulässiges Verhalten handelt, so kann dieses Verhalten auch Gegenstand einer ultimativen Drohung sein. Der Begriff Intervention bietet somit kein zusätzliches Abgrenzungsmerkmal, das über die Ergebnisse hinausführen würde, die im Zusammenhang mit der Untersuchung von Retorsionen und Repressalien im Rahmen eines Ultimatums gewonnen wurden.

Nach alledem ergibt sich folgender Schluß: schließt man sich der engeren Begriffsbestimmung an, so ist die Intervention nur im Falle der Selbstverteidigung oder kollektiver Zwangsmaßnahmen zulässig[453]. Sie könnte vor ihrer Ausführung in einem dann zulässigen Ultimatum angedroht werden. Nach der zweiten Definition im Sinne einer irgendwie gearteten Einmischung in die Angelegenheiten eines anderen Staates würde sich gegenüber den zur Retorsion und Repressalie gemachten Ausführungen keine Änderung ergeben. In Ermangelung eines allgemeinen Zwangsverbots im Völkerrecht[454] besteht auch kein Interventionsverbot. Die Zulässigkeit einer Intervention im Einzelfalle bedeutet, daß in diesem Falle auch ein Ultimatum mit Interventionsandrohung zulässig wäre.

---

weisen; *Mosler*, Artikel „Kriegsbeginn" bei *Strupp - Schlochauer*, a.a.O., Bd. II, S. 326.

[451] *Mosler*, Artikel „Kriegsbeginn" bei *Strupp-Schlochauer*, a.a.O., Bd. II, S. 328; *Stone*, a.a.O., S. 305; *Berber*, Lehrbuch des Völkerrechts, Bd. II, S. 90. Für den Eintritt des Kriegszustandes ist es dabei nicht entscheidend, welche der an der Auseinandersetzung beteiligten Parteien den Kriegszustand herbeiführen will. — Gegen die Berücksichtigung subjektiver Merkmale sprechen z. B. *Verdroß*, a.a.O., S. 351; *Kunz*, Artikel „Kriegsbegriff" bei *Strupp-Schlochauer*, a.a.O., Bd. II, S. 331.

[452] Widersprüchlich in seiner Terminologie ist *Berber*, Lehrbuch des Völkerrechts, Bd. I, S. 185 und S. 191, für den eine Intervention immer rechtswidrig ist, der dann aber sogar von völkerrechtlich gebotenen Interventionen spricht. Rechtswidrig kann jedoch nicht sein, was vom Völkerrecht selbst verlangt wird.

[453] *Bowett*, a.a.O., S. 14; *Kelsen*, a.a.O., S. 770; *Waldock*, RdC 81 (1952/II), S. 493.

[454] So zutreffend *Dahm*, a.a.O., Bd. I, S. 206 und *v. d. Heydte*, a.a.O., Bd. II, S. 107, der die Gewalt als eine Erscheinungsform des Zwanges in gewissen Formen als rechtmäßig ansieht.

III. Einzelfragen

a) Die Fähigkeit zur Stellung eines Ultimatums

Die rechtliche Fähigkeit, innerhalb eines bestimmten Rechtskreises rechtswirksam handeln zu können, etwa rechtlich erhebliche Willenserklärungen abgeben zu können, ist in allen Gebieten des Rechts an die sog. Rechtssubjektivität gebunden[455]. Auch im Völkerrecht gilt der Satz, daß Rechtsfähigkeit und Handlungsfähigkeit auf dieser Eigenschaft beruhen[456].

Völkerrechtssubjekte sind im klassischen wie im modernen Völkerrecht in erster Linie die souveränen Staaten[457].

Besonders in den letzten Jahrzehnten ist jedoch in zunehmendem Maße die Völkerrechtssubjektivität internationaler Organisationen bejaht worden[458]. Die gegenwärtig wohl herrschende Meinung besagt, daß bestimmten internationalen Organisationen — wenn auch in unterschiedlichem Umfange — Völkerrechtssubjektivität zukommt, wobei die einzelnen Vertreter dieser Meinung mit unterschiedlichen Begründungen zu diesem Ergebnis gelangen[459].

---

[455] *v. d. Heydte*, Rechtssubjekt und Rechtsperson im Völkerrecht, Spiropoulos-Festschrift, S. 239.

[456] *Verdroß*, a.a.O., S. 128; *Dahm*, a.a.O., Bd. III, S. 10; *Berber*, Lehrbuch des Völkerrechts, Bd. I, S. 110 mit weiteren Nachweisen; *Zemanek*, Internationale Organisationen als Handlungseinheiten in der Völkerrechtsgemeinschaft, Österreichische Zeitschrift für öffentliches Recht VII (1956), S. 349; *Mosler*, Die Erweiterung des Kreises der Völkerrechtssubjekte, ZaöRVR 22 (1962), S. 18; *Morelli*, Cours Général de Droit International Public, RdC 89 (1956/I), S. 502.

[457] *Berber*, Lehrbuch des Völkerrechts, Bd. I, S. 111; *Dahm*, a.a.O., Bd. I, S. 74; *Verdroß*, a.a.O., S. 129; *Morelli*, RdC 89 (1956/I), S. 512.

[458] Zum Stand der Meinungen bis 1945 vgl. *Jenks*, The Legal Personality of International Organisations, The British Yearbook of International Law XXII (1945), S. 267 ff.

[459] *Berber*, Lehrbuch des Völkerrechts, Bd. I, S. 113; *Dahm*, a.a.O., Bd. I, S. 73 f.; *Verdroß*, a.a.O., S. 129; *v. d. Heydte*, Spiropoulos-Festschrift, S. 249; *Zemanek*, ÖZÖR VII (1956), S. 349; ders., Das Vertragsrecht der internationalen Organisationen, S. 12; *Sørensen*, RdC 101 (1960/III), S. 136; *Mosler*, ZaöRVR 22 (1962), S. 24 ff.; *Wengler*, Der Begriff des Völkerrechtssubjektes im Lichte der politischen Gegenwart, Die Friedenswarte 51 (1951/53), S. 142.

Der in der Literatur vertretenen Meinung stehen entsprechende Auffassungen in der völkerrechtlichen Rechtsprechung[460] und Praxis[461] zur Seite.

In der geschichtlichen Entwicklung ist die Beurteilung der rechtlichen Fähigkeit, ein Ultimatum zu stellen, ähnlich verlaufen wie die Behandlung der Frage der Rechtssubjektivität. Zunächst herrschte die Auffassung vor, daß nur souveräne Staaten berechtigt seien, ein Ultimatum zu stellen[462]. Diese Ansicht trat später in den Hintergrund[463]. Statt dessen wird auch die Auffassung vertreten, daß Völkergemeinschaftsorgane, wie z. B. die Vereinten Nationen, ein Ultimatum stellen können[464].

Für die neuere Auffassung sprechen verschiedene Erwägungen. Zunächst läßt sich für diese Meinung anführen, daß diejenigen internationalen Organisationen, die als Rechtssubjekte des Völkerrechts gelten, allgemein als zur Anwendung von Zwang berechtigt angesehen werden[465]. Solche Zwangsmaßnahmen sind in der Praxis von der UNO auch bereits durchgeführt worden[466]. Läßt man aber die Zwangsanwendung selbst durch eine internationale Organisation zu, so ist es nur folgerichtig, ihr auch die Fähigkeit zuzugestehen, derartige Zwangsmaßnahmen vorher in einem Ultimatum anzudrohen.

Daß diese Überlegungen nicht rein theoretischer Natur sind, beweist der im Verlauf der Suezkrise von dem sowjetischen UN-Delegierten Sobolew im Weltsicherheitsrat eingebrachte Resolutionsentwurf. Dieser

---

[460] Der IGH hat in seinem Rechtsgutachten betreffend Reparation for injuries suffered in the Service of the United Nations, Advisory Opinion, International Court of Justice, Report 1949, S. 174 ff. eingehend die Frage der Rechtssubjektivität der UNO geprüft und sie bejaht.

[461] Die Ausgestaltung der völkerrechtlichen Befugnisse der europäischen Gemeinschaften durch ihre Gründernationen behandelt *Pescatore*, Les relations extérieures des communautés européennes, RdC 103 (1961/II), S. 1 ff.

[462] *Cussy*, a.a.O., S. 129; *Geffcken* bei *Holtzendorff*, a.a.O., Bd. III, S. 672; *Rivier*, a.a.O., S. 222; *Ullmann*, a.a.O., S. 473; *Fauchille-Bonfils*, a.a.O., Bd. II, S. 42; *Herre-Jagow*, a.a.O., Bd. II, S. 827; *Braun*, Démarche, S. 54; *Genet*, a.a.O., S. 613; *Neurath*, a.a.O., S. 62.

[463] Die Möglichkeit eines vom Völkerbund gestellten Ultimatums nahmen an *Frei*, a.a.O., S. 61; *Wehberg* bei *Strupp*, Wörterbuch des Völkerrechts und der Diplomatie, Bd. II, S. 756; *Asbeck*, a.a.O., S. 9, Anm. 31. Der letztere schlägt allerdings vor, diese Möglichkeit de lege ferenda auszuschließen.

[464] Für die ältere Auffassung noch *Berber*, Lehrbuch des Völkerrechts, Bd. I, S. 289; *Satow-Bland*, a.a.O., S. 105; a. A. *v. d. Heydte*, Völkerrecht, Bd. II, S. 202; *Bauer*, Artikel „Ultimatum", bei *Strupp-Schlochauer*, Wörterbuch des Völkerrechts, Bd. III, S. 467.

[465] *Dahm*, a.a.O., Bd. III, S. 267 (a.a.O., Bd. I, S. 216 bejaht er ein Interventionsrecht der UNO); *Verdroß*, a.a.O., S. 542; ähnlich *v. d. Heydte*, a.a.O., Bd. II, S. 156.

[466] Es sei nur an das Eingreifen der UNO im Kongo und in Korea erinnert.

gegen England, Frankreich und Israel gerichtete Entwurf lautete[467]: „Der Sicherheitsrat besteht darauf, daß unverzüglich Maßnahmen getroffen werden müssen, um der von Großbritannien, Frankreich und Israel begangenen Aggression Einhalt zu gebieten, und fordert die Regierungen Großbritanniens, Frankreichs und Israels auf, sofort, aber nicht später als zwölf Stunden nach der Annahme dieser Entschließung, alle militärischen Aktionen gegen Ägypten einzustellen und innerhalb von drei Tagen ihre Truppen vom ägyptischen Territorium abzuziehen.

Der Sicherheitsrat erachtet es in Übereinstimmung mit Art. 42 der Charta der Vereinten Nationen für notwendig, daß alle Mitgliedstaaten der Vereinten Nationen und in erster Linie die Vereinigten Staaten und die UdSSR als ständige Mitglieder des Sicherheitsrates, die über machtvolle Luft- und Marinestreitkräfte verfügen, dem Opfer der Aggression — der ägyptischen Republik — militärische und andere Hilfe durch die Entsendung von Einheiten der Luftstreitkräfte und der Marine, von Freiwilligen und Instrukteuren gewähren sowie in anderer Form zu Hilfe kommen, falls Großbritannien, Frankreich und Israel diesem Beschluß nicht in der festgensetzten Frist nachkommen."

Der sowjetische Entwurf wurde im Sicherheitsrat nicht behandelt[468], wobei nicht erkennbar ist, ob dies aus völkerrechtlichen oder aus politischen Gründen — dies ist wohl näherliegend — geschah.

Nach der oben[469] entwickelten Auffassung müßte dem sowjetischen Resolutionsentwurf die Bezeichnung Ultimatum gegeben werden[470]. Aus diesen Vorgängen innerhalb der Vereinten Nationen läßt sich die sowjetische Auffassung entnehmen, der Weltsicherheitsrat sei berechtigt, ein Ultimatum zu stellen. Berücksichtigt man die Möglichkeiten, die die UN-Charta im Hinblick auf Zwangsmaßnahmen der Organisation einräumt, so spricht nichts dagegen, der UNO auch die vergleichsweise schwächere Befugnis zu geben, vor der Durchführung von Zwangsmaßnahmen dieselben in einem Ultimatum anzudrohen.

Dieses Ergebnis läßt sich auch auf andere internationale Organisationen übertragen. Zwar haben sie keine unbeschränkte Fähigkeit, völkerrechtlich erheblich tätig zu werden[471], doch fehlt auch ihnen die Möglich-

---

[467] Wortlaut des sowjetischen Resolutionsentwurfs in der „Welt" vom 7. November 1956.

[468] Vgl. den Bericht der „Welt" vom 7. November 1956.

[469] Vgl. oben Abschn. B V.

[470] Diese Bezeichnung verwendet schon der Bericht der „Welt" vom 7. November 1956.

[471] Der Umfang der Rechtssubjektivität internationaler Organisationen richtet sich nach ihrem Zweck; *Zemanek*, ÖZÖR VII (1956), S. 351; ders., Das Vertragsrecht der internationalen Organisationen, S. 22; *Mosler*, ZaöRVR 22 (1962), S. 26; *Dahm*, a.a.O., Bd. I, S. 73.

keit zur Durchführung von Zwangsmaßnahmen nicht ganz. Zemanek[472] räumt den internationalen Organisationen, die berechtigt sind, völkerrechtliche Verträge zu einem bestimmten Zweck abzuschließen, auch das Recht ein, einem vertragswidrigen Verhalten des Partners mit den üblichen völkerrechtlichen Schritten zu begegnen, soweit dies mit dem Zweck der Organisation vereinbar und nicht ausdrücklich ausgeschlossen ist. Er gesteht den internationalen Organisationen in diesem Rahmen sogar ein Repressalienrecht zu[473]. Ähnliche Feststellungen über die Rechte internationaler Organisationen gegenüber ihren Mitgliedern finden sich bei Dahm[474].

Diese allgemein den internationalen Organisationen mit Rechtssubjektivität eingeräumte Befugnis, im Rahmen ihres Aufgaben- und Zweckbereiches ein entsprechend begrenztes Sanktionsrecht auszuüben, führt dazu, ihnen auch die Befugnis zuzusprechen, das vor dem Stadium der eigentlichen Zwangsanwendung liegende Übergangsverfahren auszuschöpfen und so vielleicht die Zwangsmaßnahmen selbst zu vermeiden. Abschließend wird man deshalb sagen können, daß alle unabhängigen Völkerrechtssubjekte die rechtliche Möglichkeit haben, Ultimaten zu stellen. Die beschränkte Völkerrechtsfähigkeit[475] der einzelnen internationalen Organisationen wirkt sich dabei so aus, daß die Reihe der zur Androhung zur Verfügung stehenden Mittel nicht so umfangreich ist wie bei souveränen Staaten. Der Kreis dieser Mittel ist von vornherein durch den mit der Gründung verfolgten Zweck der Organisation festgelegt[476].

Noch weiter eingeschränkt ist die Möglichkeit, ein Ultimatum zu stellen, wenn auf der Empfängerseite ein Völkerrechtssubjekt mit beschränkter Rechtspersönlichkeit steht[477]. Die Fähigkeit, nur bestimmte Handlungen ausführen zu können, engt bei derartigen Ultimaten bereits den Kreis der Forderungen, die einem solchen Völkerrechtssubjekt gestellt werden können, ein. Im übrigen besteht jedoch die völkerrechtliche Berechtigung, daß internationale Organisationen Ultimaten stellen können, in dem oben dargelegten Umfang.

b) Die Form des Ultimatums
1. Die in der Literatur vertretenen Auffassungen

Die Frage, ob das Ultimatum einer bestimmten Form bedarf, wird in der Literatur nicht einheitlich beantwortet. Von einigen Autoren wird

---

[472] *Zemanek*, ÖZÖR VII (1956), S. 352.
[473] *Zemanek*, ÖZÖR VII (1956), S. 356.
[474] *Dahm*, a.a.O., Bd. III, S. 267.
[475] Vgl. zu diesem Begriff *v. d. Heydte*, Völkerrecht, Bd. I, S. 100.
[476] Nimmt man z. B. den Fall eines von einer internationalen Wirtschaftsorganisation ausgehenden Ultimatums, so wird sich dieses auf die Ankündigung von Wirtschaftssanktionen beschränken müssen.
[477] Vgl. dazu Anm. 463. Ein solcher Fall wäre denkbar als Gegenmaßnahme gegen unzulässige Zwangsanwendung durch die UNO.

für ein Ultimatum die Schriftform verlangt[478]. Gestützt wird diese Meinung auf die Behauptung, es sei notwendig, ein Ultimatum zu begründen.

Daneben steht eine andere Gruppe von Völkerrechtlern, die sich mit dieser Frage nicht näher auseinandersetzen, die aber in ihrer Bestimmung des Begriffes Ultimatum erklären, ein Ultimatum sei eine „Note", ein „Schreiben" oder ein „Memorandum", damit inzidenter also auch den Zwang zur Schriftlichkeit annehmen[479].

Schließlich wird die Meinung vertreten, das Ultimatum sei nicht formbedürftig, wenn auch der Zusatz gemacht wird, es werde üblicherweise in Schriftform gestellt[480].

2. Stellungnahme

Ein Formzwang für das Ultimatum läßt sich nach dem augenblicklich geltenden Völkerrecht nicht begründen. Grundsätzlich besteht im Völkerrecht kein Formzwang, nicht einmal für völkerrechtliche Verträge, die nach absolut h. M. auch mündlich abgeschlossen werden können[481]. Zwar sind in partikulär geltenden Völkerrechtsnormen Formvorschriften enthalten[482], sie beruhen aber auf Sondervereinbarungen.

Auch bei einseitigen Willenserklärungen besteht ein Formzwang nur in Ausnahmefällen; als Regel gilt die Formfreiheit[483].

---

[478] *Westlake*, a.a.O., Bd. II, S. 27 f.; *Hyde*, a.a.O., Bd. III, S. 1696, Anm. 1.

[479] *Satow-Bland*, a.a.O., S. 105; *v. d. Heydte*, Völkerrecht, Bd. II, S. 105; *Cussy*, a.a.O., S. 129; *Heffter-Geffcken*, a.a.O., S. 469, Anm. 3; *Fauchille-Bonfils*, a.a.O., Bd. II, S. 42; *Herre-Jagow*, a.a.O., Bd. II, S. 827; *Pradier-Fodéré*, a.a.O., Bd. II, S. 540; *Hold-Ferneck*, a.a.O., Bd. II, S. 258; *Genet*, a.a.O., Bd. II, S. 633; *Oppenheim-Lauterpacht*, a.a.O., Bd. II, S. 133; *Vaughan Williams*, RdC 4 (1924/III), S. 258; *Brown*, AJIL 33 (1939), S. 540; *Meissner*, a.a.O., S. 194; *Repecka*, a.a.O., S. 135.

[480] *Rivier*, a.a.O., Bd. II, S. 222; *Braun*, Démarche, S. 54; *Asbeck*, a.a.O., S. 10 f.; *Braun*, Artikel „Ultimatum" bei *Strupp*, Wörterbuch des Völkerrechts und der Diplomatie, Bd. III, S. 1102; *Frei*, a.a.O., S. 20; *Bauer*, Artikel „Ultimatum" bei *Strupp-Schlochauer*, Wörterbuch des Völkerrechts, Bd. III, S. 467. Keinerlei Hinweise auf einen Formzwang für ein Ultimatum im Sinne der III. Haager Konvention machen *Greenspan*, a.a.O., S. 36; *Castrén*, a.a.O., S. 98; *Liszt-Fleischmann*, a.a.O., S. 244 und S. 458 f. *Asbeck*, a.a.O., S. 10 f. will die schriftliche, telefonische und mündliche Übermittlung eines Ultimatums als gleichermaßen ausreichend gelten lassen.

[481] *v. d. Heydte*, Völkerrecht, Bd. II, S. 79 f.; *Berber*, Lehrbuch des Völkerrechts, Bd. I, S. 412 f. mit weiteren Nachweisen; *Verdroß*, a.a.O., S. 100; *Dahm*, a.a.O., Bd. III, S. 72 mit weiteren Nachweisen.

[482] Eine Formvorschrift enthält z. B. Art. 2 des interamerikanischen Havanna-Abkommens über Verträge von 1928; vgl. *Dahm*, a.a.O., Bd. III, S. 73.

[483] *Berber*, Lehrbuch des Völkerrechts, Bd. I, S. 411; *Verdroß*, a.a.O., S. 100 und *Dahm*, a.a.O., Bd. III, S. 164 wollen die für das völkerrechtliche Ver-

Das Bestehen einer völkerrechtlichen Vorschrift, nach der Ultimaten in Schriftform abgefaßt werden müßten, ist nicht feststellbar, selbst bei entsprechender Anwendung der Regeln über einseitige Willenserklärungen[484].

Dieses Ergebnis bestätigt auch die völkerrechtliche Praxis. Es gibt zwei Beispiele in denen Ultimaten ganz oder teilweise mündlich übermittelt wurden[485].

Zu dem zum Teil aufgestellten Erfordernis der Schriftform läßt sich nach alledem sagen, daß entgegen einer weitverbreiteten Literaturmeinung ein Zwang zur Einhaltung von Formvorschriften bei der Übermittlung eines Ultimatums nicht besteht. Ein rechtlicher Hinderungsgrund, der es ausschließen würde, ein Ultimatum oder Teile davon mündlich zu übermitteln, ist nicht vorhanden.

c) Die Übermittlung eines Ultimatums

Bei entsprechender Anwendung der für völkerrechtliche Willenserklärungen, insbesondere der für einseitige völkerrechtliche Rechtsgeschäfte geltenden Regeln, kommt man dazu, daß Ultimaten empfangs- aber nicht annahmebedürftig sind[486]. Das bedeutet, daß das Ultimatum dem Erklärungsempfänger ordnungsgemäß zugehen muß und daß er die Mög-

---

tragsrecht geltenden Regeln auch auf die einseitigen Willenserklärungen anwenden. Das Vertragsrecht kennt aber als Grundsatz nur die Formfreiheit. *Dahm*, a.a.O., Bd. III, S. 4 weist auf die Möglichkeit hin, daß eine bestimmte Form eingehalten werden muß, bringt aber als Beispiele nur solche Fälle, in denen eine derartige Pflicht vertraglich begründet wurde. Sein Hinweis auf Art. I des III. Haager Abkommens kann nicht bedeuten, daß die Schriftform notwendig ist, denn in dieser Vorschrift wird nur eine „vorausgehende, unzweideutige Benachrichtigung" verlangt. Unmißverständlichkeit und Formzwang sind aber nicht gleichbedeutend. Für den Protest, eine der einseitigen völkerrechtlichen Willenserklärungen läßt *MacGibbon*, Some observations on the part of protest in international law, BYBIL XXX (1952), S. 295 mit weiteren Nachweisen auch mündliche Übermittlung zu.

[484] Die Kriegserklärung selbst wird ebenfalls als nicht formgebunden angesehen; *Mosler*, Artikel „Kriegsbeginn" bei *Strupp-Schlochauer*, Wörterbuch des Völkerrechts, Bd. II, S. 328; *Jovy*, a.a.O., S. 83, *Castrén*, a.a.O., S. 98; *Berber*, Lehrbuch des Völkerrechts, Bd. II, S. 89; a. A. *v. d. Heydte*, Völkerrecht, Bd. II, S. 201.

[485] Beispiele dafür bieten die sowjetischen Ultimaten an die baltischen Staaten, bei denen wesentliche Teile nur mündlich durch Außenminister Molotow erklärt wurden, vgl. Abschn. B IV 64 (b) (2) und das Gromyko-Ultimatum vom 10. Juni 1959, in Genf, das ebenfalls nur mündlich gestellt wurde, vgl. Abschn. B IV b 2 dieser Untersuchung. Teile des Ultimatums wurden schließlich mündlich erklärt bei den oben behandelten Ultimaten Deutschlands an Österreich, an die Tschechoslowakei und an die beiden skandinavischen Staaten.

[486] *Bauer* bei *Strupp-Schlochauer*, Wörterbuch des Völkerrechts, Bd. III, S. 467; *Asbeck*, a.a.O., S. 10; *Guggenheim*, a.a.O., Bd. II, S. 818; *v. d. Heydte*, Völkerrecht, Bd. II, S. 201 f.; *Castrén*, a.a.O., S. 98; *Liszt-Fleischmann*, a.a.O.,

lichkeit haben muß, von dem Ultimatum Kenntnis zu nehmen. Es ist jedoch nicht erforderlich, daß überhaupt irgendeine Reaktion des Erklärungsempfängers erfolgt[487].

d) Der Kreis der an einem Ultimatum Beteiligten

Neben dem häufigen Fall, daß auf der Absender- und der Empfängerseite eines Ultimatums je ein Völkerrechtssubjekt steht, gibt es auch solche Ultimaten, die zwischen mehreren beteiligten Völkerrechtssubjekten gewechselt werden.

Es ist möglich, daß sich mehrere Staaten zusammenfinden, um einem anderen Staat ein gemeinsames Ultimatum zu stellen[488]. Es handelt sich in diesem Falle um ein einziges Ultimatum.

Anders liegt der Fall jedoch, wenn auf der Empfängerseite mehrere Rechtssubjekte stehen. Es handelt sich dann nicht um ein einzelnes Ultimatum, sondern die Zahl der angesprochenen Adressaten bestimmt auch die entsprechende Zahl rechtlich selbständiger Erklärungen, selbst wenn der Inhalt der verschiedenen Ultimaten identisch ist. Der Grund für dieses Ergebnis ist darin zu suchen, daß die aus der Annahme oder Ablehnung des Ultimatums entstehenden Folgen konkret nur bei dem Völkerrechtssubjekt eintreten können, auf dessen Entscheidung sie beruhen[489]. Die aus der völkerrechtlichen Unabhängigkeit fließende Entscheidungsfreiheit eines jeden einzelnen Erklärungsempfängers kann nicht durch die Entscheidung eines anderen Völkerrechtssubjekts beeinträchtigt werden. Dies beweist auch die völkerrechtliche Praxis. In Fällen identischer Ultimaten wird das Ultimatum von jedem einzelnen beteiligten Rechtssubjekt gesondert beantwortet, selbst wenn die Antwort bei allen einheitlich ausfällt[490].

S. 458 ff.; *Dahm*, a.a.O., Bd. III, S. 4. Nach *Berber*, Lehrbuch des Völkerrechts, Bd. I, S. 407 sind sie regelmäßig nicht annahme- und auch nur häufig empfangsbedürftig.

[487] *Berber*, Lehrbuch des Völkerrechts, Bd. I, S. 407; ein Untätigbleiben des Empfängers eines Ultimatums hat dann praktisch den Erklärungswert, das Ultimatum werde abgelehnt.

[488] Beispiele dafür sind die behandelten Ultimaten der Siegermächte an Deutschland in Versailles und London, vgl. oben Abschn. B IV b 6 und das englisch-amerikanisch-chinesische Ultimatum an Japan vom 26. Juli 1945, vgl. oben Abschn. B IV b 7.

[489] *Frei*, a.a.O., S. 19, *Braun*, Démarche S. 54 und *Asbeck*, a.a.O., S. 9 begründen dies mit der Souveränität der Empfangsstaaten, denen es im einzelnen überlassen bleiben müsse, wie sie sich entscheiden wollten.

[490] Beispiele für solche identische Ultimaten sind die sowjetischen Ultimaten an die baltischen Staaten vom Juni 1940 und die an die Westmächte gerichteten Berlin-Ultimaten vom November 1958. Bei den letzteren haben die Empfänger gesondert, wenn auch mit einheitlichen Antworten, reagiert. Zwei unterschiedliche Antworten erfolgten auf die gleichen Ultimaten in der Suez-Krise: Israel nahm an, Ägypten lehnte ab.

e) Die Rücknehmbarkeit eines Ultimatums

In der Literatur wird das Problem der Rücknehmbarkeit eines Ultimatums nicht erläutert. Es fragt sich, ob nicht in diesem Rahmen an ein bereits gefundenes Ergebnis der Untersuchung angeknüpft werden kann. Die Beurteilung des Rechtscharakters des Ultimatums hatte dazu geführt, auch in solchen Fällen, in denen ein Ultimatum die Merkmale einer völkerrechtlichen Willenserklärung nicht enthält, jene Regeln entsprechend anzuwenden, die für völkerrechtliche Rechtsgeschäfte und Willenserklärungen gelten[491]. Im völkerrechtlichen Vertragsrecht ist es anerkannt, daß eine einseitige Lösung vom Vertrage nur unter bestimmten, eng begrenzten Voraussetzungen möglich ist[492]. Ebenso ist es anerkannt, daß ein Vertragspartner, der ein wirksames Angebot zum Abschluß eines völkerrechtlichen Vertrages abgegeben hat oder der möglicherweise seinerseits diesen Vertrag bereits ratifiziert hat, regelmäßig an dieses Vertragsangebot gebunden ist[493]. Daraus läßt sich der Schluß ziehen, daß eine einseitige Lösung von einem Vertrage oder die Rücknahme einer Willenserklärung grundsätzlich ausgeschlossen ist.

Diese Regel, die eine Bindung an ein einmal gestelltes Ultimatum bedeuten würde, müßte dazu führen, daß ein Ultimatum grundsätzlich nicht rücknehmbar ist. Sie kann jedoch auf Ultimaten nur mit Einschränkungen übertragen werden.

Bei einem Ultimatum ist zunächst zu unterscheiden die Rechtslage vor und nach Zugang des Ultimatums bei dem Erklärungsempfänger. Solange sich die Erklärung noch nicht im Bereich des Empfängers befindet, also vor oder spätestens mit dem Zugang, ist sie als unbeschränkt rücknehmbar anzusehen, weil der Erklärende noch die ausschließliche Verfügungsmöglichkeit über seine Erklärung hat. Aber auch nach dem Zugang des Ultimatums wird man eine solche Möglichkeit der Rücknahme zu bejahen haben. Anders als im Falle völkerrechtlicher Verträge und bindend gewordener Willenserklärungen, deren Bindungswirkung auf dem Grundsatz der Rechtssicherheit beruht, ist ein Interesse des Erklärungsempfängers an einer solchen Bindungswirkung bei einem bereits zugegangenen Ultimatum im Regelfalle nicht zu erkennen. Eine Einschränkung kann sich nur aus der Art der angekündigten Maßnahme selbst ergeben. Stellt sie z. B. nicht ein Verhalten des Erklärenden dar,

---

[491] Vgl. oben Abschn. C I 4.

[492] *Guggenheim-Marek*, Artikel „völkerrechtliche Verträge" bei *Strupp-Schlochauer*, a.a.O., Bd. III, S. 539; *Dahm*, a.a.O., Bd. III, S. 32; *Berber*, Lehrbuch des Völkerrechts, Bd. I, S. 456 f. mit weiteren Nachweisen; *Verdroß*, a.a.O., S. 177 f.; *Wengler*, a.a.O., Bd. I, 537.

[493] *Bernhardt*, Völkerrechtliche Bindungen in den Vorstadien des Vertragsschlusses, ZaöRVR 18 (1957/58), S. 679/680 mit weiteren Nachweisen.

welches noch in der Zukunft liegt und eine neue Willensbetätigung des Erklärenden erfordern würde, sondern handelt es sich dabei z. B. um eine durch die Nichterfüllung der Forderung aufschiebend bedingte Willenserklärung, die rechtsgestaltend ist (z. B. eine bedingte Kriegserklärung oder die bedingte Kündigung eines Vertrages), so gilt folgendes: da in einem solchen Falle die rechtsgestaltende Wirkung mit dem Ablauf der Frist eintritt, ist die Rücknahme eines derartigen Ultimatums nur bis zum Ablauf der gesetzten Frist möglich.

In allen übrigen Fällen wird es gerade dem Interesse des Erklärungsempfängers entsprechen, jederzeit von den ihn belastenden Forderungen des Erklärenden freigestellt zu werden. Man wird deshalb als Ergebnis feststellen können, daß Beschränkungen für die Rücknahme eines Ultimatums nur in den angegebenen Ausnahmefällen bestehen[494].

f) Einfache und qualifizierte Ultimaten

Die von Oppenheim-Lauterpacht[495] und einer Gruppe ihnen folgender Autoren[496] getroffene Unterscheidung zwischen sogenannten einfachen und qualifizierten Ultimaten hat keine rechtliche Bedeutung.

Ein einfaches Ultimatum liegt nach dieser Definition dann vor, wenn „it does not include an indication of the measures contemplated by the Power sending it"[497]. Dagegen soll ein qualifiziertes Ultimatum vorliegen, „if it does indicate the measures contemplated, whether they be retorsion, or reprisals, pacific blockade, occupation of a certain territory or war"[498].

---

[494] Von der Frage der Rücknehmbarkeit eines Ultimatums ist die Frage zu unterscheiden, ob sich bereits aus der Stellung des Ultimatums Rechtsfolgen ergeben haben, die durch dessen Rücknahme nicht mehr beseitigt werden können. So ist es denkbar, daß ein völkerrechtlich unzulässiges Ultimatum auch die Voraussetzungen eines völkerrechtlichen Delikts erfüllen und damit die Verpflichtung des Erklärenden zum Schadensersatz begründen würde (vgl. *Schüle*, Artikel „Wiedergutmachung" bei *Strupp-Schlochauer*, a.a.O., Bd. III, S. 843). Mit Eintritt des Schadens, der etwa in durchgeführten vermögensschädigenden Maßnahmen bei dem Erklärungsempfänger liegen könnte, wäre dieser Schadensersatzanspruch entstanden. Für die Rücknahme des Ultimatums ist das Bestehen dieses Anspruches jedoch ohne Bedeutung: der einmal entstandene Schaden wird durch das nachträgliche Entfallen des Ultimatums nicht beseitigt, er hindert aber seinerseits den Erklärenden nicht daran, seine Forderung nicht mehr geltend zu machen.

[495] *Oppenheim-Lauterpacht*, a.a.O., Bd. II, S. 296.

[496] *Bauer*, Artikel „Ultimatum" bei *Strupp-Schlochauer*, Wörterbuch des Völkerrechts, Bd. III, S. 468; *Frei*, a.a.O., S. 20; *Guggenheim*, a.a.O., Bd. II, S. 818. Ohne Eingehen auf Einzelheiten haben die Meinung *Oppenheim-Lauterpachts* generell für zutreffend erklärt: *v. d. Heydte*, Völkerrecht, Bd. II, S. 106; *Meissner*, a.a.O., S. 194; *Brown*, AJIL 33 (1939), S. 540.

[497] *Oppenheim-Lauterpacht*, a.a.O., Bd. II, S. 296.

[498] *Oppenheim-Lauterpacht*, a.a.O., Bd. II, S. 296.

Oppenheim-Lauterpacht vertreten als Anhänger der Mittelmeinung die Auffassung, daß die Ankündigung eigener Maßnahmen zu den Wesensmerkmalen eines Ultimatums gehört. Die zusätzliche Unterscheidung danach, ob der Absender das für den Ablehnungsfall beabsichtigte Verhalten genau umschreibt oder nur allgemein einseitige Maßnahmen in Aussicht stellt, ist weder für die Erfassung des Begriffes Ultimatum noch für die Kennzeichnung der rechtlichen Bedeutung des Ultimatums notwendig. Eine solche Unterteilung in einfache und qualifizierte Ultimaten ist zwar möglich, aber nicht erforderlich.

D. Zusammenfassung

Die Untersuchung über den Begriff und Bedeutung des Ultimatums im Völkerrecht läßt abschließend folgende Feststellung zu: Ultimaten sind nicht formbedürftige völkerrechtliche Erklärungen, mit denen ein einzelnes oder mehrere Völkerrechtssubjekte einem oder mehreren anderen Völkerrechtssubjekten bestimmte Forderungen stellen. Es ist notwendig, daß die Erklärung den Hinweis enthält, die gestellte Forderung sei unverzüglich oder binnen einer bestimmten Frist zu erfüllen. Schließlich gehört zu den Voraussetzungen einer solchen Erklärung mit der Bezeichnung Ultimatum, daß für den Fall der Nichterfüllung einseitige Maßnahmen des Erklärenden oder bestimmte Folgen in Aussicht gestellt werden.

Das Ultimatum kann im Einzelfalle völkerrechtliche Willenserklärung sein. Auch in den Fällen, in denen dies nicht zutrifft, sind die Vorschriften des Völkerrechts betreffend die Willenserklärungen entsprechend anwendbar.

Die rechtliche Zulässigkiet des Ultimatums ist je nach der Art der in Aussicht gestellten Maßnahmen oder Folgen unterschiedlich zu beurteilen.

Der Entschluß zu einem Kriege ist dem dadurch betroffenen Staat in einer Kriegserklärung oder in einem Ultimatum mit bedingter Kriegserklärung mitzuteilen. Artikel I der III. Haager Kovention, der einen Bestandteil des auch unter der UN-Charta noch gültigen Kriegsvölkerrechts bildet, erklärt solche Ultimaten für notwendig, mag auch der Entschluß zum Kriege selbst oder gar die tatsächliche Eröffnung der Feindseligkeiten ein völkerrechtliches Delikt darstellen.

Im übrigen sind Ultimaten in dem Rahmen rechtlich unbeschränkt zulässig, in dem das Völkerrechtssubjekt, das das Ultimatum stellt, zu völkerrechtlichen Zwangsmaßnahmen berechtigt ist.

Die rechtliche Zulässigkeit des Ultimatums in beiden Formen wird unverändert bleiben, solange nicht eine Änderung des gegenwärtigen Zustandes des Völkerrechts eine wirksame Monopolisierung der Gewalt und der Rechtssicherung bei einer Zentralinstanz bringt.

Es ist zu erwarten, daß die rein tatsächliche Bedeutung des Ultimatums immer geringer werden wird, falls die derzeitige weltpolitische Lage andauert. Ein von einer Großmacht gegenüber einer kleineren Macht beabsichtigtes Ultimatum wird vielfach aus Rücksicht auf den steigenden Einfluß der kleineren Staaten in ihrer Gesamtheit mit ihrem wachsenden Soldaritätsgefühl gerade bei solchen Versuchen machtpolitischer Einwirkungen unterbleiben. In diesem Zusammenhang spielt auch der stärker werdende Zwang zur Beachtung der öffentlichen Meinung eine wichtige Rolle.

Was ein Ultimatum zwischen Großmächten anbetrifft, so dürfte die tatsächliche Bedeutung des Ultimatums noch begrenzter sein. Das Gleichgewicht der realen Machtmittel macht die Anwendung von Zwang stetig komplizierter. Gleichzeitig ist zu erwarten, daß damit die im Ultimatum vorausgesetzte Ankündigung oder Androhung von Zwangsmaßnahmen eine ähnliche Entwicklung nehmen wird.

Literaturverzeichnis

I. Lehrbücher, Kommentare und Einzelschriften

Anrich, Ernst: Europas Diplomatie am Vorabend des Weltkriegs, Berlin 1937.

Anzilotti, Dionisio: Lehrbuch des Völkerrechts, Dt. Übersetzung Bd. I, 3. Aufl., Berlin und Leipzig 1929.

Asbeck, Hans: Das Ultimatum im modernen Völkerrecht, Berlin 1933.

Bardeleben, Herbert v.: Die zwangsweise Durchsetzung im Völkerrecht, Dissertation Köln, Borna-Leipzig 1930.

Beard, Charles A.: President Roosevelt and the Coming of the War 1941, New Haven 1948.

Berber, Fritz: Das Diktat von Versailles, 2 Bände, Essen 1939.

Berber, Friedrich: Lehrbuch des Völkerrechts, 2 Bände, München und Berlin 1960/62.

Bluntschli, Johann C.: Das moderne Völkerrecht der civilisierten Staaten als Rechtsbuch dargestellt, 3. Aufl., Nördlingen 1878.

Bowett, Derek W.: Self-Defence in International Law, Manchester 1958.

Braun, Werner: Démarche, Ultimatum, Sommation, Berlin 1930.

Brugger, Walter: Philosophisches Wörterbuch, 5. Aufl., Freiburg 1953.

Burckhardt, Carl J.: Meine Danziger Mission 1937—1939, München 1962.

Castrén, Erik: The Present Law of War and Neutrality, Helsinki 1954.

Celovsky, Boris: Das Münchener Abkommen von 1938, Stuttgart 1958.

Chamberlain, Neville: The Struggle for Peace, London 1939.

Churchill, Winston S.: Der zweite Weltkrieg, Bern/Stuttgart/München/Zürich 1962.

Cussy, Ferdinand de: Dictionnaire du Diplomat et du Consul, Leipzig 1846.

Dahm, Georg: Völkerrecht, 3 Bände, Stuttgart 1958/61.

Dahms, Hellmuth Günther: Geschichte des zweiten Weltkrieges, Tübingen 1965.

Du Cange-Favre: Glossarium mediae et infimae latinitatis, Bd. VIII, 2. Aufl., Niort 1887.

Eichstädt, Ulrich: Von Dollfuss zu Hitler, Wiesbaden 1955.

Eyck, Erich: Geschichte der Weimarer Republik, Bd. I: Vom Zusammenbruch des Kaisertums bis zur Wahl Hindenburgs, Erlenbach-Zürich/Stuttgart 1954.

Fauchille, Paul und Henry *Bonfils:* Traité de Droit International Public, Bd. II, 8. Aufl., Paris 1921.

Fay, Sidney Bradshaw: Der Ursprung des Weltkrieges, 2. Band: Nach Sarajevo, Berlin 1930.

Frei, Max R.: Die völkerrechtliche Wertung des Ultimatums, Dissertation Innsbruck 1938.

Freytagh-Loringhoven, Axel Frhr. von: Die Satzung des Völkerbundes, Berlin 1926.

Gafencu, Grigore: Vorspiel zum Krieg im Osten, Zürich 1944.

Gamillschegg, Ernst: Etymologisches Wörterbuch der französischen Sprache, Heidelberg 1928.

Gebhardt, Bruno und Herbert *Grundmann:* Handbuch der deutschen Geschichte, Bd. IV: Die Zeit der Weltkriege, 8. Aufl., Stuttgart 1960.

Genet, Raoul: Traité de Diplomatie et de Droit Diplomatique, Bd. II: L'Action Diplomatique, Paris 1931.

Goodrich, Leland M. und Edvard *Hambro:* Charter of the United Nations, 2. Aufl., Boston 1949.

Goodrich, Leland M. und Anne P. *Simons:* The United Nations and the Maintenance of International Peace and Security, Washington 1955.

Greenspan, Morris: The Modern Law of Land Warfare, Berkeley/Los Angeles 1959.

Grew, Joseph C.: Turbulent Era, Bd. II, Boston 1952.
— Ten Years in Japan, New York 1944.

Grotius, Hugo: De iure belli ac pacis libri tres, Dt. Übersetzung, Tübingen 1950

Guggenheim, Paul: Lehrbuch des Völkerrechts, 2 Bände, Basel 1951.

Hagemann, Walter: Publizistik im Dritten Reich, Hamburg 1948.

Heffter, August-Wilh. und Friedr. Heinr. *Geffcken:* Das europäische Völkerrecht der Gegenwart, 8. Aufl., Berlin 1888.

Herre, Paul und Kurt *Jagow:* Politisches Handwörterbuch, 2 Bände, Leipzig 1923.

Heydte, Friedrich A. Frhr. von der: Völkerrecht, 2 Bände, Köln und Berlin 1958/60.

Hofer, Walther: Die Entfesselung des zweiten Weltkrieges, Frankfurt a. M./ Hamburg 1960.

Hohlfeld, Johannes: Dokumente der Deutschen Politik und Geschichte von 1848 bis zur Gegenwart, Bd. IV: Die Zeit der nationalsozialistischen Diktatur 1933—1945, Berlin o. J.

Hold-Ferneck, Alexander: Lehrbuch des Völkerrechts, 2 Bände, Leipzig 1923.

Holldack, Heinz: Was wirklich geschah — Die diplomatischen Hintergründe der deutschen Kriegspolitik, München 1949.

Holtzendorff, Franz v.: Handbuch des Völkerrechts, Bd. III, Hamburg 1878.

Hubatsch, Walther: „Weserübung", 2. Aufl., Göttingen/Berlin/Frankfurt a. M. 1960.
— Unruhe des Nordens, Göttingen/Berlin/Frankfurt a. M. 1956.

Hyde, Charles C.: International Law, chiefly as interpreted and applied by the United States, Bd. III, 2. Aufl., Boston 1951.

Jedina, Rudolf Ritter von: Kurzer Grundriß des Völkerrechts in seinen Beziehungen zum Kriege, Wien 1919.

Jovy, Mathias: Kriegserklärung und Friedensschluß nach deutschem Staats- und Völkerrecht, Berlin 1913.

Kelsen, Hans: The Law of the United Nations, London 1951.
— Principles of International Law, New York 1952.

Knieriem, August von: Nürnberg — Rechtliche und menschliche Probleme, Stuttgart 1953.

Kohler, Josef: Grundlagen des Völkerrechts, Stuttgart 1918.

Koht, Halvdan: Norway — Neutral and Invaded, London/Melbourne 1941.

Kotzsch, Lothar: The Concept of War in Contemporary History and International Law, Dissertation, Genf 1956.

Kunz, Josef L.: Kriegsrecht und Neutralität, Wien 1935.

Liszt, Franz von und Max *Fleischmann:* Das Völkerrecht, 12. Aufl., Berlin 1925.

Meissner, Boris: Die Sowjetunion, die Baltischen Staaten und das Völkerrecht, Köln 1956.

Menzel, Eberhard: Völkerrecht, München/Berlin 1962.

Montgelas, Max und Walter *Schücking:* Die Deutschen Dokumente zum Kriegsausbruch 1914, 2. Aufl., II. Band: Vom Eintreffen der serbischen Antwortnote in Berlin bis zum Bekanntwerden der russischen allgemeinen Mobilmachung, Berlin 1927; III. Band: Vom Bekanntwerden der russischen allgemeinen Mobilmachung bis zur Kriegserklärung an Frankreich, Berlin 1927; IV. Band: Von der Kriegserklärung an Frankreich bis zur Kriegserklärung Österreich-Ungarns an Rußland, Berlin 1927.

Neurath, Konstantin v.: Der italienisch-griechische Konflikt vom Jahre 1923 und seine völkerrechtliche Bedeutung, Berlin 1929.

Oppenheim, Lassa und Hersch *Lauterpacht:* International Law, Bd. II, 7. Aufl., London/New York/Toronto 1952.

Pauly-Wissowa: Real-Encyclopädie der classischen Altertumswissenschaft, III. Band: Barbarus-Claudius, Stuttgart 1899; IV. Band: Ephoros-Fornaces, Stuttgart 1909.

Pfluger, Franz: Die einseitigen Rechtsgeschäfte im Völkerrecht, Dissertation, Freiburg/Schweiz, Wil 1936.

Pradier-Fodéré, Paul: Cours de Droit Diplomatique, Bd. II, 2. Aufl., Paris 1899.

Raschhofer, Hermann: Die Sudetenfrage, München 1953.

Rauch, Basil: Roosevelt from Munich to Pearl Harbor, New York 1950.

Rei, August: Nazi-Soviet Conspiracy and the Baltic States, London 1948.

Repecka, Juozas: Der gegenwärtige völkerrechtliche Status der baltischen Staaten, Dissertation, Göttingen 1950.

Rivier, Alphonse: Principes du droit des gens, 2 Bände, Paris 1896.

Rönnefarth, Helmuth K.: Die Sudetenkrise in der internationalen Politik, 2 Bände, Wiesbaden 1961.
— Konferenzen und Verträge (Vertrags-Ploetz), Teil II, Bd. III: Neuere Zeit 1492—1914, 2. Aufl., Würzburg 1958.

Rönnefarth, Helmut K. und Heinrich *Euler:* Konferenzen und Verträge (Vertrags-Ploetz), Teil II, Bd. IV: Neueste Zeit 1914—1959, 2. Aufl., Würzburg 1959.

Roessler, Otto: Die Kriegserklärung und ihre Wirkungen nach modernem Völkerrechte, Dissertation, Leipzig/Berlin 1912.

Satow, Ernest und Neville *Bland:* A guide to Diplomatic Practice, 4. Aufl., London/New York/Toronto 1958.

Schenk, Reinhold: Seekrieg und Völkerrecht, Köln/Berlin 1958.

Schmalz, T.: Das europäische Völkerrecht, Berlin 1817.

Schmelzing, Julius: Systematischer Grundriß des praktischen Europäischen Völkerrechts, Dritter Theil, Rudolstadt 1820.

Schmidt, Paul: Statist auf diplomatischer Bühne 1923—1945, Bonn 1954.

Schütze, Heinrich A.: Die Repressalie unter besonderer Berücksichtigung der Kriegsverbrecherprozesse, Bonn 1950.

Schumann, Erich: Die Repressalie, Dissertation, Rostock 1927.

Schuschnigg, Kurt von: Ein Requiem in Rot-Weiß-Rot, Zürich 1946.

Schwarzenberger, Georg: A Manual of International Law, 4. Aufl., London 1960.

Scott, James B.: Les Conférences de la Paix de la Haye de 1899 et 1907, Bd. II, Paris 1927.

Stampfer, Friedrich: Die ersten 14 Jahre der deutschen Republik, 2. Aufl., Offenbach 1947.

Steinlein, Andreas: Die Form der Kriegserklärung, München 1917.

Stone, Julius: Legal Controls of International Conflict, London 1954.

Strisower, Leo: Der Krieg und die Völkerrechtsordnung, Wien 1919.

Strupp, Karl: Das internationale Landkriegsrecht, Frankfurt a. M. 1914.
— Wörterbuch des Völkerrechts und der Diplomatie, 3 Bände, Berlin und Leipzig 1924/26.

Strupp, Karl und Hans-J. *Schlochauer:* Wörterbuch des Völkerrechts, Bd. II: Ibero-Amerikanismus bis Quirin-Fall, 2. Aufl., Berlin 1961; Bd. III: Rapallo-Vertrag bis Zypern, 2. Aufl., Berlin 1962.

Truman, Harry S.: Memoiren, Bd. I: Das Jahr der Entscheidungen (1945), Stuttgart 1955.

Ullmann, Emanuel von: Völkerrecht, Tübingen 1908.

Vattel, Emer de: Le Droit des Gens ou Principes de la Loi Naturelle, Dt. Übersetzung, Tübingen 1959.

Verdroß, Alfred: Völkerrecht, 4. Aufl., Wien 1959.

Wegerer, Alfred von: Der Ausbruch des Weltkriegs 1914, Bd. II, 2. Aufl., Hamburg 1943.

Wehberg, Hans: Die Völkerbundssatzung, 3. Aufl., Berlin 1929.
— Die Ächtung des Krieges, Berlin 1930.

Wengler, Wilhelm: Völkerrecht, 2 Bände, Berlin/Göttingen/Heidelberg 1964.

Westlake, John: International Law, Bd. II, 2. Aufl., Cambridge 1913.

Widmer, Hans: Der Zwang im Völkerrecht, Dissertation, Freiburg (Schweiz), Borna-Leipzig 1935.

Zellmann, Werner: Die Kriegserklärung im völkerrechtlichen Verkehr, Greifswald 1913.

Zemanek, Karl: Das Vertragsrecht der internationalen Organisationen, Wien 1957.

II. Sammlungen

Akten zur Deutschen Auswärtigen Politik 1918—1945, Serie D (1937—1945). Bd. I: Von Neurath zu Ribbentrop (September 1937— September 1938), Baden-Baden 1950; Bd. II: Deutschland und die Tschechoslowakei (1937 bis 1938), Baden-Baden 1950; Bd. IV: Die Nachwirkungen von München (Oktober 1938—1939), Baden-Baden 1951.

Britannica — Book of the Year 1957, Chicago/London/Toronto 1957.

III. Aufsätze und Beiträge zu Festschriften

Beinhauer: Zur Neugestaltung des Kriegsrechts, Zeitschrift für Völkerrecht XXI (1927), S. 115 ff.

Borchard, Edwin M.: The Multilateral Treaty for the Renunciation of War, American Journal of International Law 23 (1929), S. 116 ff.

Brandweiner, Heinrich: Sind die Vereinten Nationen den Kriegsgesetzen unterworfen? Neue Justiz 1954, S. 225 ff.

Brown, Philip M.: Undeclared Wars, American Journal of International Law 33 (1939), S. 538 ff.

Drost, Heinrich: Grundfragen der Lehre vom internationalen Rechtsgeschäft, in: Gegenwartsprobleme des internationalen Rechtes und der Rechtsphilosophie, Festschrift für Rudolf Laun zu seinem siebzigsten Geburtstag, Hamburg 1953.

Eagleton, Clyde: Form and Function of the Declaration of War, American Journal of International Law 32 (1938), S. 19 ff.

Herz, John H.: Hauptprobleme des Völkerrechts im Atomzeitalter, Die Friedenswarte 55 (1959/60), S. 101 ff.

Heydte, Friedrich A. Frhr. von der: Rechtssubjekt und Rechtsperson im Völkerrecht, in: Grundprobleme des internationalen Rechts, Festschrift für Jean Spiropoulos, S. 237 ff., Bonn 1957.

Hill, Norman: Was there an ultimatum before Pearl Harbor? American Journal of International Law 42 (1948), S. 355 ff.

Jenks, Wilfried C.: The Legal Personality of International Organizations, The British Yearbook of International Law XXII (1945), S. 267 ff.

Kunz, Josef L.: The chaotic status of the laws of war and the urgent necessity for their revision, American Journal of International Law 45 (1951), S. 37 ff.

Laeuen, Harald: Das polnische Ultimatum, Osteuropa 13 (1938/1939), S. 513 ff.

MacGibbon, I. C.: Some observations on the part of protest in international law, The British Yearbook of International Law XXX (1953), S. 293 ff.

Makarov, Alexander N.: Die Eingliederung Bessarabiens und der Nordbukowina in die Sowjetunion, Zeitschrift für ausländisches öffentliches Recht und Völkerrecht X (1940/41), S. 336 ff.
— Die Eingliederung der baltischen Staaten in die Sowjetunion, Zeitschrift für ausländisches öffentliches Recht und Völkerrecht X (1940/41), S. 682 ff.

Morelli, Gaetano: Cours Général de Droit International Public, Recueil des Cours de l'Académie de Droit International 89 (1956/I), S. 437 ff.

Mosler, Hermann: Die Kriegshandlung im rechtswidrigen Kriege, Jahrbuch für internationales und ausländisches öffentliches Recht 1948/49, S. 335 ff.
— Die Erweiterung des Kreises der Völkerrechtssubjekte, Zeitschrift für ausländisches öffentliches Recht und Völkerrecht 22 (1962), S. 1 ff.

Pescatore, Pierre: Les relations extérieures des Communautés Européennes, Recueil des Cours de l'Académie de Droit International 103 (1961/II), S. 1 ff.

Rutgers, Victor-Henri: La mise en harmonie du pacte de la Société des Nations avec le pacte de Paris, Recueil des Cours de l'Académie de Droit International 38 (1931/IV), S. 1 ff.

Schätzel, Walter: Die riskante Kriegshandlung, Festschrift für Richard Thoma, S. 173 ff., Tübingen 1950.

Schlüter, F.: Der Ausbruch des Krieges, Zeitschrift für ausländisches öffentliches Recht und Völkerrecht X (1940), S. 244 ff.

Schwarzenberger, Georg: Legal Effects of Illegal Wars, In: Völkerrecht und Rechtliches Weltbild, Festschrift für Alfred Verdroß, S. 243 ff., Wien 1960.
— Functions and Foundations of the Laws of War, Archiv für Rechts- und Sozialphilosophie XLIV (1958), S. 351 ff.

Selter, Karl: Die Sowjetpolitik und das Baltikum, Auswärtige Politik 1944 (4), S. 197 ff.

Sørensen, Max: Principes de Droit International Public, Recueil des Cours de l'Académie de Droit International 101 (1960/III), S. 1 ff.

Stowell, Ellery C.: Convention Relative to the Opening of Hostilities, American Journal of International Law 2 (1908), S. 50 ff.

Taubenfeld, Howard J.: International armed forces and the rules of war, American Journal of International Law 45 (1951), S. 671 ff.

Vaughan Williams, Roland E. L.: Les Méthodes de Travail de la Diplomatie, Recueil des Cours de l'Académie de Droit International 4 (1924/III), S. 229 ff.

Waldock, Claude H. M.: The regulation of the use of force by individual states in international law, Recueil des Cours de l'Académie de Droit International 81 (1952/II), S. 451 ff.

Wengler, Wilhelm: Der Begriff des Völkerrechtssubjektes im Lichte der politischen Gegenwart, Die Friedenswarte 51 (1951/53), S. 113 ff.

Wilhelm, René-Jean: La Réalisation du Droit par la Force ou la Menace des Armes, Annuaire Suisse de Droit International XV (1958), S. 93 ff.

Wright, Quincy: When does war exist? American Journal of International Law 26 (1932), S. 362 ff.

Zemanek, Karl: Internationale Organisationen als Handlungseinheiten in der Völkerrechtsgemeinschaft, Österreichische Zeitschrift für öffentliches Recht VII (1956), S. 335 ff.

Zepos, Panajiotis: Zur Theorie der Ungültigkeit der Rechtsgeschäfte, in: Grundprobleme des internationalen Rechts, Festschrift für Jean Spiropoulos, S. 461 ff., Bonn 1957.

MIX
Papier aus verantwortungsvollen Quellen
Paper from responsible sources
FSC® C105338

Printed by Libri Plureos GmbH
in Hamburg, Germany